HET ZOETE GIF VAN DE SCH...

BRUNA SURFISTINHA

HET ZOETE GIF VAN DE SCHORPIOEN

H&W

VAN HOLKEMA & WARENDORF
Unieboek BV, Houten/Antwerpen

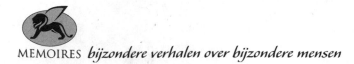

MEMOIRES *bijzondere verhalen over bijzondere mensen*

0 6. 03. 2007

Oorspronkelijke titel: *O Doce Veneno Do Escorpião*
Copyright © by Raquel Pacheco and Jorge Tarquini
All rights reserved by Editora Original Ltda, São Paulo, Brazil

Copyright © 2006 Nederlandstalige uitgave:
Uitgeverij Unieboek BV,
Postbus 97, 3990 DB Houten

www.unieboek.nl

Vertaling: Studio Imago, Amersfoort
Omslagontwerp: Wil Immink
Auteursfoto: Carol Do Valle
Opmaak: ZetSpiegel, Best

ISBN-10: 90 269 8567 3
ISBN-13: 978 90 269 8567 6
NUR: 320

De intercom. Daar is hij! Ik laat hem boven komen. Terwijl hij de lift neemt, check ik de laatste details: haren geborsteld, huid lekker geurend, mond klaar voor wat er maar komt. In de slaapkamer wacht het bed, het licht is gedimd. Om de sfeer compleet te maken, zet ik een cd op (als hij saai is ballads, of techno om hem wat op te peppen; is hij leuk, dan bij voorkeur Jota Quest, Emerson Nogueira, iets meer romantisch). Ik draag een uitdagend kort rokje met een topje waarin mijn borsten goed uitkomen. Alles gemakkelijk uit te trekken. Of te láten uittrekken. Ik draag hooggehakte sandaaltjes. Niet dat het mij iets uitmaakt dat ik klein ben, dat hoort bij mijn charme. Hij belt aan. Ik doe open. Hij komt binnen. Hij geeft me een kus op mijn wang en stelt zich voor, want het is zijn eerste keer met mij. Ik zeg ook mijn naam, al is dat niet nodig. Ik pak zijn hand en neem hem mee naar de bank. Het gesprek begint in een verliefd sfeertje maar algauw hebben we het over hoerenzaken.

'Vandaag wil ik je flink onder handen nemen, van achteren.'

'Maar wil je in mijn kutje of mijn kont?'

'Ik wil alles,' antwoordt hij in mijn oor, terwijl hij zijn hand over mijn dijen laat gaan.

Hijgend laat hij zijn mond over mijn hals glijden; ik voel zijn ongeschoren baard terwijl ik met mijn hand tussen zijn benen voel hoe hij steenhard wordt. Met één ruk trekt hij mijn topje naar beneden en mijn borsten springen eruit. Ik laat toe dat hij ze stevig maar liefdevol vastgrijpt, als iemand die een nieuw speeltje ontdekt. Mijn tepels richten zich op door de brutale tong die eromheen cirkelt. Ik voel zijn warme, hortende ademhaling. Hij likt eerst mijn ene borst en dan de andere, brengt ze met zijn handen naar elkaar toe en wil zijn mond ermee vullen als een gulzig kind. In de chaos van kleren die haastig worden uitgetrokken, trekt hij mijn slipje naar beneden en gaat met zijn mond tot aan mijn navel. Hij stopt en kijkt me met een ondeugende blik aan.

'Wil je dat ik je lik?'

'Ja.'

'Nu of later?'

'Dat moet jij weten... het is jouw tong.'

'Maar het is jouw kutje.'

'Dan wil ik het nu.'

Ik kom heftig klaar, zonder er moeite voor te hoeven doen. Het was echt lekker. En we zijn nog maar net begonnen. We gaan snel de smalle wenteltrap op die uitkomt in mijn slaapkamer. Hij doet geroutineerd een condoom om, zodat hij optimaal gebruik kan maken van mijn honingzachte kutje, en we doen het keurig netjes in de missionarishouding.

'Kom op me zitten,' zegt hij na een tijdje.

Eerst ga ik schrijlings op hem zitten en dan, met hem helemaal in me, keer ik me met mijn billen naar hem toe. Het duurt niet lang of hij gaat uit me en vraagt me om het op mijn beurt met mijn mond bij hem te doen. Ik pijp hem tot hij klaarkomt, terwijl hij zachtjes mijn lange haar vastgrijpt.

We hebben nauwelijks tijd voor een gesprekje. Met mijn mond reanimeer ik zijn kleine jongen. In een extatisch standje

69 begint hij met mijn achterste te spelen. Dat windt me op. Ik aarzel niet en klim op hem. Hij zit helemaal in mijn anus en tilt me zo op en dwingt me op handen en knieën. Aan het eind vraagt hij om nog eens in mijn mond te mogen klaarkomen. Dat vind ik goed. De cd is bijna op hetzelfde moment afgelopen als onze tweede keer. *Game over*. Het einde van de cd is het signaal dat zijn uur met mij voorbij is. Als hij wil, kan hij douchen, hij betaalt het afgesproken bedrag en...

'Tot ziens.'

Zonder een vervelend gevoel. De volgende is aan de beurt. Dienst geleverd, betaling ontvangen (en heel discreet nageteld, zonder dat hij het ziet natuurlijk). Hij was mijn eerste klant van de dag, er komen er nog vijf. Met minder dan een uur en een douche tussen de ene en de andere klant, heb ik nauwelijks tijd om bij te komen. Ik werk liever alles achter elkaar af zodat ik gauw mijn doelstelling haal, vijf klanten per dag, en zo snel mogelijk vrij ben. Vandaag loopt alles volgens de planning. Als ik te laat ben, of mijn klant te laat is, moet de volgende beneden in de foyer wachten. Tot alles weer van voren af aan begint.

Het aankomstritueel, de checklist voor mijn lichaam en de kamer zodra de intercom gaat, is voor iedereen hetzelfde. De volgende klant is van de verlegen soort, zo'n man die je bij de hand moet nemen en moet helpen om het met je te doen. Een mechanisch nummer. Met hem kan ik niet klaarkomen, want het neuken verloopt gespannen – voor ons allebei. De derde, zo'n typisch ondeugend joch, bezit voldoende energie (en snelheid) om het drie keer met me te doen. Aangezien hij al voor de derde keer bij me is, heb ik hem de bijnaam 'konijntje' gegeven – maar dat weet hij niet. Hij is zo snel dat ík geen kans krijg om klaar te komen. Dat geeft niet: we mogen elkaar graag en kletsen altijd heel wat af.

Mijn vierde afspraak brengt zijn minnares mee voor een triootje. Een heel boeiende vrouw – en een die van wanten weet. Ze is niet knap, maar ze windt me wel op. Als ik me niet inhoud, en zijn vriendinnetje ook niet, wordt hij bijna aan zijn lot – of zijn lid – overgelaten. Maar dat laat ik natuurlijk niet gebeuren... Terwijl zij me beft en hij me neukt, schommel ik heerlijk heen en weer en kom klaar. Niet door hem, maar door haar tong.

De vijfde is van het type 'potentiële huwelijkskandidaat'. Er is geen chemie, maar wel veel affiniteit. Een veertiger. Hij krijgt iets voor elkaar wat ik niet eerder heb meegemaakt: hij komt klaar zonder dat ik zijn pik aanraak, terwijl ik aan zijn ballen sabbel. O ja, hij heeft een stuk limoentaart meegebracht, zalig. Nadat we een tijdje hebben geneukt, ik bovenop, eindigt de tweede keer ermee dat hij in mijn mond klaarkomt.

De zesde en laatste van de dag wil dat ik hem meeneem naar een parenclub. Het is zijn eerste keer in een dergelijke gelegenheid. Weer eentje die ik op het verkeerde pad breng...

Omdat het een lekker warme avond is en ik al heel lang geen avondkleding meer had gedragen, kies ik voor een outfit die in feite slechts bestaat uit een klein lapje stof: het jurkje heeft aan de voorkant een gigantisch decolleté en is zo kort dat het ternauwernood mijn billen en kutje bedekt. Een mooie gelegenheid om mijn vetersandaaltjes te dragen. Ik heb zin om een verpletterende indruk te maken. En dat lukt, die avond ben ik het lekkerste stuk in de Marrakesj. Maar mijn klant kan zelfs na een drankje en een dansje niet echt in de stemming komen voor een orgie. 'Ik voel me niet op mijn gemak in een zaal vol neukende mensen.'

We gaan naar het enige zaaltje waar mannen zonder vrouw

naar binnen mogen. Ik neem plaats op een lege bank en hij begint me te beffen. Uit het niets komen er een paar kerels aan. Een van hen gaat naast me zitten en de andere twee blijven staan kijken. Als hij merkt dat we gezelschap hebben, schrikt hij en ten slotte gaan we naar een privékamertje, alleen wij twee. Omdat er chemie tussen ons is, dring ik niet aan op partnerruil. Hij wil dat evenmin. We gaan de hele nacht door. Pijpen, op z'n Spaans, op z'n Grieks... altijd als ik naar zo'n club ga, raak ik opgewonden bij de gedachte dat ik bij het wisselen van partner misschien wel een interessante vrouw tref. Gelukkig voor mijn klant zijn er vanavond echter alleen maar oudere dames. Niet dat ik iets tegen oudere dames heb, maar opwinden doen ze me niet. Er ontstaat bijna iets tussen mij en een veertiger die me naar zich toe trekt, maar hij is alleen. Ook al is het er niet van gekomen om een kutje te likken of van partner te ruilen, toch is deze nacht de moeite waard. Om halfzes 's ochtends ben ik weer thuis.

Uitzinnige neukpartijen, orgiën, veel verschillende mannen (en vrouwen) op één dag, eindeloze nachten. Wat voor veel twintigjarige meisjes zoals ik spannend kan lijken, is voor mij routine. Zo ziet een werkdag er voor mij uit, al sinds drie jaar. Ik werk vijf dagen per week, met een gemiddelde van vijf klanten per dag – dus reken maar uit hoe vaak ik het al voor geld heb gedaan. Al geniet ik er vaak van en kom ik ook klaar, het blijft werk. Werk waarvoor ik heb gekozen omdat ik destijds geen andere keuze had... tja, lang verhaal. Mijn persoonlijke verhaal en dat van Bruna. Ja, we zijn twee personen, met twee verschillende verhalen, verenigd in één meisje: ik.

*E*en onbekende. Ik stond in m'n eentje te dansen toen die jongen me naar zich toe trok en me begon te zoenen. Mijn eerste avond in een disco. Ik heb niet eens zijn naam gevraagd. Voor het eerst alleen uit. Vrijheid; ik was dertien, bijna veertien. Ik was nog geen halfuur binnen. Mijn eerste kus. Het zoenen ging zonder meer over in voelen; met enthousiasme betastten we elkaar, daar midden op de dansvloer. Plotseling, totaal onverwachts liet hij mij staan en liep hij weg. Zomaar, zonder enig gevoel, zonder een woord. Die avond kwamen er nog tien andere jongens. Eén was niet genoeg: ik had er meer nodig om me te bevredigen. Raquel werd zich bewust van de wereld van de seks.

Een onbekende. Al was ik nerveus, toch stelde ik mezelf voor met de tekst die ik ter plekke had ingestudeerd: 'Ik ben Bruna, ik doe oraal, vaginaal en anaal.' Ik besluit met mijn fictieve leeftijd; '18 jaar'; wist ik veel dat geen enkel hoertje haar leeftijd als marketinginstrument gebruikt.

Niemand kon vermoeden dat dit mijn eerste nummertje voor geld was. Ik was koud een halfuur geleden weggelopen uit mijn ouderlijk huis om aan te komen in dit nieuwe verblijf. Mijn debuut; ik was zeventien. Ik ging deze vreemde niet vertellen dat ik nog nooit seks had gehad voor geld. Hij koos me om mijn uiterlijk. Ik wilde maken dat ik wegkwam, op een holletje terug naar huis, naar mijn ouders. In plaats daarvan gingen we naar het kamertje boven. Ik dacht aan mijn moeder. Een vreemde raakte me aan en wilde het zonder condoom doen. *Ze is vast heel verdrietig.* Ik liet hem niet aan me komen. Nadat hij gynaecoloogje met me had gespeeld, waarbij hij zijn vinger in me bracht en eraan rook om te kijken 'of alles in orde was', hadden we seks met condoom. Ik dacht alleen maar: *ik cash het geld van deze vent en ga terug naar huis. Ik kan nog afhaken en ervandoor gaan.* Uiteindelijk werkte ik die middag zes klanten af. Nooit ben ik meer naar huis teruggegaan. Nooit heb ik mijn ouders meer gezien. Bruna was geboren.

Er ligt iets meer dan drie jaar tussen deze twee momenten die toch zo ver van elkaar af liggen. Op dat eerste moment veranderde Raquel van water in wijn, van een braaf, verwend meisje in een ongeremde, leugenachtige jonge vrouw. Ze had heel wat geoefend met kussen voor de spiegel van de badkamer, op een sinaasappel, op haar arm, waarbij ik alle tips uit de meidenbladen uitprobeerde. Maar live was het allemaal veel lekkerder geweest. Op het tweede moment vond ik in mijn lichaam, tussen mijn benen, de sleutel tot de vrijheid en mijn broodwinning, al betekende het dat ik over mijn leeftijd moest liegen en voor een bedrag van honderd real per uur het weinige dat ik tijdens zes vrijpartijen met één serieus vriendje en een losse scharrel had geleerd, in praktijk moest brengen.

Op de dansvloer van de Kripton in Vila Olímpia wilde ik elke uitgaansnacht meer. Ik ging erheen in een heel kort rokje om het degenen gemakkelijk te maken die met hun handen wilden voelen wat in het halfduister verscholen bleef. Dat ik niet ter plekke tot actie overging en niet midden op de dansvloer mijn maagdelijkheid verloor, kwam niet door gebrek aan gelegenheid. Het genot dat ik voelde als de penis van mijn danspartner, die door mijn toedoen hard was onder de stof van zijn broek, hier en daar tegen me aan wreef, was bijna onweerstaanbaar. Bijna...

Vaak ritste ik de broek van een jongen op de dansvloer open, enkel om zijn onderbroek een beetje omlaag te trekken en zijn penis er half uit te halen om mee te spelen. Ik had geen flauw idee hoe ik een man moest laten klaarkomen, tot een van hen me in zoveel woorden vroeg: 'Trek me af.' Ik wist niet wat ik moest doen en zei naar waarheid: 'Ik weet niet hoe dat moet.' We stonden tegen een muur, vlak bij de dansvloer. Ik voelde me dom toen hij met een schalks lachje mijn hand pakte en me de beweging leerde. Vanaf dat moment heb ik dat gedaan met wie het maar wilde. Het is fantastisch een man te laten klaarkomen, genot te bezorgen. Ik begon alle mannen met wie ik danste, af te trekken. Niemand om ons heen had het in de gaten; velen van hen hadden het druk met precies hetzelfde als wat tussen mij en mijn danspartner gebeurde. Ik zag zelfs heel wat stellen echt neuken op de banken. Met de beveiliging van de discotheek had je geen probleem: als ze een stel betrapten dat al te gewaagd of exhibitionistisch bezig was, vroegen ze gewoon of het wat minder kon.

Ik heb nooit geneukt in de disco. Er was volop gelegenheid, maar ik durfde niet. Mijn maagdelijkheid verliezen, dat wilde ik met een speciaal persoon doen; ik ben romantisch van aard. Maar dat betekende niet dat de jongens me niet wat intiemer mochten aanraken. Onder mijn superkorte rokje trok ik mijn slipje een beetje naar beneden en alleen al bij de aanraking van hun handen tussen mijn dijen en in mijn kutje werd ik heel erg nat. Ik dacht dat dat klaarkomen was. Pas later kwam ik erachter dat 'komen' veel, veel verder ging – en lekkerder was. Ik kwam erachter dat klaarkomen voor mij begint met een rilling in mijn buik. Hoe dan ook, neuken wilde ik niet.

Een paar keer scheelde het maar weinig of ik was tot het eind gegaan. Twee keer ging ik met een jongen mee in zijn auto, waar we onze kleren uittrokken en van alles deden. Ik ging zo ver ik kon, en dat was een aardig eind. Maar als het tijd werd voor het echte werk durfde ik niet en haakte ik af.

'Ik moet weg.'

'Net nu we zo lekker bezig zijn?'

'Mijn vader komt me zo halen.'

'Die wacht wel,' zei de jongen dan, met zijn harde penis in de aanslag en zijn handen als tentakels overal op mijn lijf.

'Het kan echt niet.'

'Maar je bent al bijna naakt, we hebben al bijna alles gedaan. Alleen het belangrijkste nog...'

'Dat gaat niet, sorry.'

Ik had altijd wel een smoes om af te haken.

Voor de jongen, die ouder was, zou ik alleen maar 'de zoveelste' zijn. En ik wilde niet de zoveelste zijn, dan zou ik me gebruikt voelen. In mijn romantische hoofd zat nog een klein beetje verstand. Het daar, op die plek, doen om die gozer vervolgens nooit meer te zien? Dat was niet mijn ideaalbeeld van de eerste keer. Om nog maar te zwijgen over mijn angst voor de pijn en het bloed waarover ik had gelezen in de meidenbladen. Ik dacht dat het vreselijk zou bloeden, alsof je een kraan opendraait.

In feite was het puur gebrek aan ervaring. Ik wilde niet bekennen dat ik maagd was en durfde ook niet om een condoom te vragen, dus ik zag mezelf al als een vriendin van me die op haar vijftiende zwanger raakte. Ze wist niet eens wie de vader was.

'Mam, wie is mijn papa?'

'Ik weet het niet, kindje...'
Zelf weet ik maar al te goed wat zo'n dialoog betekent.

Op mijn eerste dag in Franca's huis was het allerlaatste dat ik
wilde dat ze mijn gebrek aan ervaring zouden ontdekken. Ik
kwam daar 's middags om een uur of twee aan, te voet vanuit
Paraíso, waar ik woonde en waar ik alles had achtergelaten wat
ik bezat: mijn moeder, mijn vader, mijn kamer, mijn kleren. Ik
had een klapper bij me en mijn rugzakje van school met wat
kleren en veel bikini's om in mijn eerste betrekking te dragen.
Verspilde moeite: geen van de meisjes werkte in bikini...

Omdat ik geen fatsoenlijke werkkleding had, gaven de andere meisjes me een paar vreselijke afdankertjes. Net iets voor
mij; ik onderscheidde me altijd door merkkleding te dragen
om mijn molligheid en mijn lelijke-eendjesyndroom te com-
penseren. Ik moest me erbij neerleggen. Ik wist dat ik ooit
mijn eigen geld zou verdienen en alles nieuw zou kunnen
kopen.

De madam van Franca's club, Larissa, was de enige aan wie
ik een deel van de waarheid vertelde. Ze vroeg naar mijn iden-
titeitsbewijs en ik kon het niet langer verbergen: ik was pas zeventien.

'Zeg dat tegen niemand,' was haar advies.

Hoe ik ook mijn best deed om tegenover de andere meisjes
de ervaren vrouw uit te hangen, ik viel meteen door de mand.

'Onder welke naam werk je?' vroeg Larissa.

'Raquel,' zei ik in mijn onschuld.

'Geen enkele prostituee gebruikt haar echte naam. Hier
moet je je anders noemen.'

'"Bruna" past wel bij je,' opperde Mari, die een goede vriendin van me zou worden.

Ik weet niet meer waarom of wanneer het gebeurde, of hoe oud ik was, maar ik weet nog goed dat ik opgroeide met het idee dat ik geadopteerd was. Toen ik vijf jaar was, vroeg ik het aan mijn moeder. Toen ze antwoordde dat het inderdaad zo was, durfde ik niet te vragen wat 'adoptie' eigenlijk betekende. Ik ging met mijn vraag naar de schooljuf, die me uitlegde dat geadopteerde kinderen als baby ergens waren achtergelaten omdat de moeder hen niet kon of wilde grootbrengen. Daarna kwam er dan een echtpaar dat een van die kinderen uitkoos voor adoptie. 'Uitkiezen?' Ik voelde me als een ding. Mijn ouders hadden me altijd als hun eigen dochter behandeld, maar toch viel het me moeilijk niet opstandig te worden, al liet ik niets merken. Godsamme, je bent toch zeker het kind van degene in wier buik je hebt gezeten. Dat dat niet waar was, begon ik pas veel later in te zien. Misschien te laat.

Ik probeerde het van de positieve kant te bekijken; ik had immers een familie. Maar er was altijd wel iemand die opmerkte dat ik heel anders was dan mijn oudere zussen en mijn moeder. Zij ziet er heel Europees uit, met een lichte huid, blond haar, donkere ogen en fijne gelaatstrekken. We lijken alleen qua lengte op elkaar: zij is even klein als ik. Soms droegen we zelfs elkaars kleren. Maar daar hield de gelijkenis ook op. Mijn twee zussen daarentegen lijken sprekend op mijn moeder.

Ik had zelfs een oom die me nooit als nichtje behandelde. Voor degenen die mijn vader niet kenden, was het excuus: 'Ze heeft meer van hem.' Nou, vergeet het maar: mijn vader is 1 meter 85, dik en heel wit... Soms verzon mijn moeder tegenover onbekenden een leugentje om bestwil om me tegen die vooroordelen, die agressie, te beschermen. Wat was ik jaloers op mijn vriendinnetjes die op hun ouders, op hun ware familie leken. Mijn woede richtte zich niet op mijn biologische ouders, maar op mijn adoptiefouders. Als we ruzie hadden, noemde ik hen 'oom' en 'tante'. Die arme moeder van me... Maar ik was niet volwassen en stabiel genoeg om dit in mijn eentje aan te kunnen.

Op mijn zevende, in 1991, keerden we allemaal terug naar Sorocaba, waar we oorspronkelijk ook vandaan kwamen. Beter gezegd, we verhuisden naar ons buitenhuis in Araçoiaba da Serra. Mijn vader had een ongeluk gehad en moest stoppen met werken. Hij had zich op zekere dag in de garage van onze flat gebukt om iets op te pakken en was bij het overeind komen met zijn hoofd tegen een laag hangende balk aangekomen. Door de klap waren zijn hersenen ernstig beschadigd geraakt, ik weet ook niet hoe dat kwam. Hoe ernstig merkte ik pas toen ik hem voor het eerst zag flauwvallen, midden in de huiskamer. Toen mijn vader merkte dat hij zijn werk niet langer kon doen, op het hoogtepunt van zijn carrière als jurist, liet hij de moed zakken en raakte zwaar depressief. Het was daarom goed dat we naar ons buitenhuis gingen.

Hoewel het door mijn vaders ziekte een gespannen en moeilijke tijd was, had ik niets te klagen: ik werd zo veel mogelijk buiten de gedeprimeerde sfeer gehouden en speelde veel, ook met mijn moeder en soms zelfs met mijn vader. Hij hing een basketbalring in de tuin, tussen de fruitbomen, en ik bracht uren door met oefenen, dromend van een toekomst als professioneel basketbalster. Gezien mijn lengte was dat wat je noemt een onwezenlijke droom...

Naar mijn idee bevonden alle prostituees van São Paulo zich aan de Avenida Augusta. Ik was er al vaak langsgekomen, ook met mijn ouders. 'Moet je die hoertjes zien,' werd er dan gezegd. Ik vroeg me af hoe een vrouw zo diep kon zinken. Volgens mij had je alleen daar hoeren, langs die smerige, lelijke weg. Of anders woonden ze in van die vervallen huisjes die bijna uit elkaar vielen, waar zwaar opgemaakte vrouwen uit de ramen hingen en naar voorbijkomende mannen riepen. Daar binnen hoefden ze alleen maar hun benen van elkaar te doen en te wachten tot de klant aan zijn gerief was gekomen, en klaar. Het 'leven' werd dat genoemd. Zou callgirl ook zoiets zijn? Niet als je afging op de advertenties in de krant: 'Gezocht: meisje tussen de 18 en 25 jaar. Je ontvangt zakenmannen en verdient minimaal duizend real per week.'

In de weken voordat ik wegliep, toen ik al had besloten dat ik het huis uit ging, kocht ik kranten om de advertenties te bekijken en spijbelde ik van school om een aantal van die plekken te bezoeken: seksclubs, privéclubs, massagesalons. Ik zag niets wat ook maar in de buurt kwam van dat groezelige beeld van de Avenida Augusta, laat staan van die verlopen vrouwen. De meeste gelegenheden, zoals de Bahamas, waren met smaak ingericht, echt elegant. Van de buitenkant heb je geen idee wat zich daarbinnen afspeelt. Oogverblindende huizen. De meisjes die ik er zag, hadden niets abnormaals, er stond niet in grote letters 'hoer' op hun voorhoofd en ze hingen ook niet in de deuropening om zich aan de eerste de beste voorbijganger aan te bieden.

Mijn keus viel op de privéclub aan de Alameda Franca, in de Jardins. Ik kon niets, had geen ervaring en had niet eens mijn middelbare school afgemaakt. Om van huis weg te kunnen, moest ik de knoop doorhakken en de gok wagen – en die duizend real verdienen met wat ik deed. Mijn vooroordelen verdwenen en ik zei: 'Dit moet het dan maar worden.' Eerlijk gezegd had ik ook allerlei fantasieën over de mogelijkheid meerdere mannen tegelijk te hebben en begon het idee me aan te staan. Tenslotte had ik het nog maar zes keer gedaan, op een nogal werktuiglijke manier, en had ik nog nooit van mijn leven een pornofilm gezien. Dit was mijn kans om te ontdekken hoe ver ik met seks kon komen.

'Goed zo, doe je benen maar heel wijd.'
'Zo goed?'
'Laat de dokter dit kutje maar eens onderzoeken om te kijken of alles in orde is.'
Een vinger, nog een vinger, hij haalt ze eruit en ruikt eraan.
'Mmm, je bent geslaagd voor het medisch onderzoek.'
Na mijn debuut met de 'gynaecoloog' die zei dat hij maar aan zijn vingers hoefde te ruiken om te weten of een meisje niet ziek was, viel mijn illusie van 'benen wijd en klaar is Kees' al snel in duigen. En ook mijn fantasie over een heleboel verschillende mannen, want daarbij ging ik uit van wat ík onder een man versta. Maar deze 'shocktherapie' was goed om erachter te komen of ik echt zo graag onafhankelijk wilde zijn.

Het was moeilijk om met een vreemde naar bed te gaan, zelfs al was die zo slim zich voor te doen als een goed geklede gynaecoloog. Stel je voor dat je naar boven moet met een oude Japanner van over de zestig, dik, kolossaal. Hij was mijn tweede klant. Nooit van mijn leven had ik gedacht dat ik zo'n kerel zou krijgen. Maar hij kreeg mij – en betaalde me. Als ik er onderuit had willen komen, had ik aan het huis het bedrag moeten vergoeden dat de klant voor een nummertje neertelde. Dat was de afspraak. Ik had het al uitgerekend: om honderd real te verdienen moest ik drie klanten afwerken. Geen kwestie van kiezen, maar van gekozen worden. Niet voor niets snuiven zoveel hoeren cocaïne en roken wiet. Ik heb dat aan den lijve ondervonden. Al snuivend en rokend.

Toen de Japanner zich begon uit te kleden, kon ik alleen

maar aan het geld denken. Ik had een heel uur met hem voor de boeg. Hij was nog ouder dan mijn vader! Ik dacht maar aan één ding: hem direct klaar te laten komen zodat het meteen gebeurd was. We babbelden een beetje. Zijn pik kwam niet omhoog; ik pijpte, masseerde, maar niets. Er kwamen een heleboel indrukken bij me boven, geuren, dingen die ik niet wilde ruiken en voelen. Ik probeerde ze buiten te sluiten. Hij streelde mijn lijf met zijn beide handen. Ik vond het onaangenaam.

Nog steeds wekt het soms mijn afkeer als ik een hand mijn lichaam zie strelen. Ik doe het bij hen, maar vind het niet altijd prettig om de ontvangende partij te zijn. Neuken doe ik alleen met muziek, die helpt me af te dwalen en ergens anders op af te stemmen. Bovendien duurt de cd precies even lang als een afspraak, wat me helpt mijn werktijd in de gaten te houden. Soms stel ik me een andere man voor, een vriendje. En ik kijk weg om die hand niet te zien die mijn lichaam, mijn intieme delen betast. Het is een kwestie van of het klikt of niet. Maar goed, ik ging door en het lukte me om de Japanner een stijve te bezorgen. Ik wist niet wat erger was. Ik deed hem een condoom om, ging op hem zitten en bereed hem, hij neukte me, en uiteraard was het niet lekker. Het was meer dan mechanisch. Die dag barstte ik bij een andere klant in tranen uit. Aan alle klanten die het die dag met me deden, vertelde ik dat het mijn eerste dag als prostituee was.

Iedereen geeft zichzelf een beloning ter compensatie van een slechte dag of een moeilijk week. Bij meisjes die van seks leven, is dat niet anders. Ik heb het verdiend, dacht ik. Van het eerste geld dat ik als hoer had verdiend en gespaard, kocht ik een mobiele telefoon voor mezelf. Voor mijn gevoel maakte dat op een of andere manier al die keren goed dat ik mijn walging had weggeslikt om een klant niet kwijt te raken. Grappig, maar ik voelde nooit walging voor zo'n vent tot we in bed lagen, hoe hij er ook uitzag. Pas daar overvalt het me. Niet om iets wat zo iemand aan zijn lichaam heeft, een gebrek of een litteken (al heb ik wel zo mijn voorkeuren...). Wat het hem doet, is de geur. De lichaamsgeur. Je hebt mannen die zich kunnen wassen zoveel ze willen, het helpt niet. En dan heb je degenen die ook nog een slechte adem hebben; dat zijn de ergsten. Daarom is kussen een gevoelig punt. Ik kus niet iedereen, en ook niet iedereen wil kussen. De mannen die liefde tekortkomen, zijn degenen die het meest kussen. Helaas moet ik wel, ook al voel ik er niets voor. Dan maar zo goed en zo kwaad als het gaat, zin of geen zin. Ik heb niet veel keus. Het hoort bij mijn werk. Diep ademhalen dus, en daar gaan we dan.

De periode van ruim drie jaar waarin we in ons buitenhuis woonden, kwam ten einde. Mijn vader was aardig opgeknapt en mijn ouders besloten dat het beter voor mijn opleiding was om terug te gaan naar São Paulo. Ik zou in 1995 immers al naar groep zeven gaan. Mijn oudste zus was voor haar werk verhuisd naar Cajuru, dicht bij Ribeirão Preto. Mijn middelste zus woonde in ons appartement; daarom kochten mijn ouders een nieuw appartement voor ons, in dezelfde buurt. Zo had ieder zijn plekje. Het was in het licht van de morele opvattingen van mijn ouders behoorlijk modern dat hun ene kind in een stadje op het platteland en het andere op zichzelf woonde. Als het waar was dat de oudste kinderen een weg banen voor de jongeren, hoefde ik me geen zorgen te maken.

Bij de verhuizing moest ik mijn lievelingshond achterlaten, de boxer Lunna, en ook de Weimaraner Fedra, en Paco, een vuilnisbakkenras. Maar het voornaamste dat ik achterliet was een stukje van mijn jeugd, mijn geluk. De terugkeer naar São Paulo werd een ramp, hoezeer ik ook van de stad hield. Mijn ouders waren bang voor overvallen, verkrachtingen, voor alles. Ze hielden me thuis. Voor iemand die vrij was opgegroeid, die altijd op straat of in de tuin had gespeeld, was binnen zitten in dat appartement in Paraíso de hel. Ik was al elf en wilde de wereld tot mijn speeltuin maken. Mijn vriendinnen begonnen naar het winkelcentrum en de middagdisco te gaan, maar ik mocht niet. Ik voelde me zo onvrij dat ik begon te liegen om te kunnen gaan en staan waar ik wilde.

Mijn moeder was overbezorgd ten opzichte van mij. Dat liet ze me duidelijk merken. Ik mocht niet eens een vriendje hebben, al was het de beste jongen van de wereld. En mijn vader... die heeft nooit de rol van vader vervuld. Ik snap het wel, hij kreeg dat ongeluk, die ziekte, hij moest zijn briljante carrière op het hoogtepunt laten schieten en maakte een vreselijke depressie door. Ik weet nu dat hij zich vaak agressief gedroeg door de zware medicijnen die hij moest gebruiken. Vroeger verweet ik hem dat, maar nu begrijp ik dat de dingen anders lagen.

Die fase van puberale rebellie als reactie op de overbezorgdheid van mijn ouders dreigde uit de hand te lopen. De ruzies, vooral met mijn vader, werden routine. Ik dacht er bijna voortdurend aan om uit huis te gaan of mijn biologische ouders op te sporen om erachter te komen of ze me terug wilden. Als geld de reden was geweest om me af te staan, was er geen probleem. Ik kon werken en geld verdienen. De enige aanwijzing die me op het spoor van mijn echte ouders kon brengen, lag in Sorocaba, waar ik was geboren en geadopteerd. Maar in feite ben ik er nooit achteraan gegaan.

Ik zat op de Bandeirantes-school, ouderwets en veeleisend – zo veeleisend dat ik, toen ik met veel moeite maar zonder herexamens overging naar groep acht, in het achterste lokaal terechtkwam. Degenen die daar op school hebben gezeten, weten wat dat betekent... Maar mijn ouders waren toch trots op me. Aan de ene kant wilde ik vrijheid en loog ik naar hartenlust om die te bereiken, maar aan de andere kant had ik zo mijn eigen vooroordelen en twijfels. En ik speelde het brave dochtertje.

Mijn middelste zus, die nu dertig is, kreeg verkering met een jongen die mijn ouders maar niets vonden. Ze woonde alleen. Nou ja... laten we zeggen, niet altijd. Dat detail werd ontdekt door mijn moeder. Mijn zus werd zwaar onder druk gezet om de verkering uit te maken en ze aarzelde niet: ze ging er met de jongen vandoor. Ik zag hoe mijn ouders hieronder leden en kon er niet onverschillig onder blijven. Wat was ik boos op mijn zus! Ik bad vurig dat mijn ouders niet zoveel verdriet zouden hebben... Ik geloof dat dat de enige keer van mijn leven was dat ik ergens voor heb gebeden, en het was niet eens voor mezelf. Ik zeg God altijd dank voor Zijn bescherming en dat is het dan. Ik geloof niet dat God iets voor ons doet, behalve ons beschermen. Maar ik wilde dat Hij iets voor mijn ouders zou doen. Hoe kon ik vermoeden dat ikzelf, verscheurd tussen de woede jegens mijn zus en mijn verlangen naar vrijheid, op de replayknop van dit verhaal zou drukken?

Toen er een eind kwam aan de romance van mijn zus, kennelijk op initiatief van de jongen, kwam ze terug naar ons huis. Ze was depressief, bijna ziek, en had het over doodgaan en zo. Mijn ouders gaven haar geen aai over haar bol, zo van 'lieve kind, wat houden we toch veel van je'. Ze maakten haar heel duidelijk dat ze zelf op de blaren moest zitten. Ze negeerden haar, praatten niet met haar. En ik volgde hun voorbeeld, al had ik haar veel liever willen omhelzen en tegen haar willen zeggen dat alles goed was.

Ik herinner me de dag waarop ik zag dat mijn moeder een ernstig gesprek met haar had. Ik kende die uitdrukking op mijn moeders gezicht: dan werd ze rood en kreeg ze droge, doffe ogen. Ze praatte kalm, maar met een vreemde stem die geen twijfel liet over de ernst van haar woorden. Ze trok vreemde rimpels in haar voorhoofd die je alleen zag als ze kwaad was. Het was erger dan een pak slaag krijgen – al heb ik nooit ook maar een tik gehad. Uiteindelijk zagen ze uiteraard wel in dat het niet goed ging met mijn zus en hielpen ze haar. Mijn zus moest naar de psychiater. Met mij ging het later op dezelfde manier. Waarom praatten ze niet met ons? Waarom moesten onze problemen door vreemden worden opgelost? Ik wilde best praten, maar met hén. Maar misschien wisten ze niet beter. Maar met mijn kinderen zal ik het denk ik anders aanpakken.

Ik heb altijd gedacht dat de eerste keer voor een meisje belangrijker is dan voor een jongen. Maar ik vergiste me; bij iedere jongen die ik ontmaagd, raak ik daar meer van overtuigd. Natuurlijk weten ze later niet goed meer met wie het is gebeurd (niet gemakkelijk in mijn geval...), maar dat ze oog in oog staan met een vrouw, haar mogen aanraken, haar vast mogen houden... Een vrouw van vlees en bloed, in plaats van een blaadje met foto's van naakte vrouwen. Dat ze er eindelijk achter komen hoe een borst voelt, hoe ze die moeten pakken, hoe ze met hun hand de grot van genot moeten verkennen die elke vrouw tussen haar dijen heeft. Mogen ruiken, likken. Ik zie hoe sommigen van hen, van een jaar of dertien, veertien, sidderen voor mijn naaktheid. Ik kan bijna hun gedachten lezen. 'Mag ik?' vragen ze meestal als ze mijn borsten willen voelen. IJskoude handen, doorgaans. Dan hangt hun angst om te 'falen' in de lucht. Of dat ik hun pik vergelijk met die van andere jongens. Of dat ze te vroeg klaarkomen. Ik begeleid ze, leer het ze, laat het gebeuren. Ik voel me speciaal. Op een bepaalde manier zal ik voor altijd in het geheugen van elk van die jongens gegrift staan – die nog net zozeer 'kind' zijn als ik. En het waren er heel wat.

Aangezien het Dante Alighieri-college in de buurt lag van het huis waar ik werkte, kun je je wel voorstellen hoeveel jongens daar hun maagdelijkheid verloren... De jongens kwamen in groepjes. Omdat er niemand van minderjarige leeftijd naar binnen mocht (hoewel ik dat zelf ook nog was, maar er toch werkte), belden ze vanuit een telefooncel om erachter te komen of er politie in de buurt was. Ze kwamen met een enorme meute, maar gedroegen zich keurig, zonder tumult. Het leek wel een grootscheepse excursie met al die jongens in blauwe lange broeken met gele streep en hun T-shirts met de naam van de school erop. In die kleren zagen ze er nog kinderlijker uit. We zetten de deur op een kiertje en daar kwamen ze aangerend. We waren allemaal gek op die jochies. Ze kwamen niet om rotzooi te trappen en spendeerden aardig wat geld.

Ik, een zeventienjarige, ging naar boven met jochies van twaalf, dertien of veertien. Veel van hen waren vaste klant, maar de meerderheid was nog maagd. Best vreemd: ik, in al mijn onervarenheid, in bed met iemand die nog minder ervaring had! Maar het wende snel. Op die leeftijd zijn jongens een beetje opgefokt. In het begin was het vreemd, moeilijk zelfs. Maar ik wende eraan. En ik ontdekte hoe ik ze kon laten ontspannen zodat ze de eindstreep haalden. 'Rustig aan.' 'Doe ik je pijn?' 'Kijk, zo doe je dat.' Geen leerboek kan op tegen een goede lerares...

Ik was bijna altijd de uitverkorene. Tenslotte zag ik er niet zoveel ouder uit dan de meisjes aan wie ze dachten als ze zich, zuchtend van hartstocht, aftrokken. Ik ging met zo'n jongen naar boven, en pas als we in de slaapkamer waren, bekenden sommigen van hen dat ze nog maagd waren.

'Zeg je alsjeblieft niet tegen mijn vrienden dat het mijn eerste keer is?'

'Waarom zou ik dat zeggen?' antwoordde ik dan.

Ik heb geen van hen ooit uitgelachen. Waarom zou ik spotten met hun onervarenheid? Ik leerde ze hoe ze mijn borsten konden strelen, liet ze me uitkleden, me aanraken, aan me ruiken en liet van dichtbij 'het verschil' zien. Ik leerde ze hoe ze de eerste beha van hun leven moesten losmaken. Ik zette de muziek aan en voerde mijn show op. Er waren briljante leerlingen bij.

Ik nam er graag de tijd voor om hun schooluniform uit te trekken. Die lange broeken, met tussen de benen die karakteristieke bult, waren gemakkelijk uit te trekken. Ik pakte hun keiharde penis, maar het was niet de bedoeling dat ze klaarkwamen zonder iets te doen. Door alle opwinding en angst is het risico dat dat gebeurt de eerste keer levensgroot aanwezig. Dus begon ik met pijpen, om ze te helpen zich te ontspannen. Als ik een jongen pijp, geniet hij volgens mij meer dan bij echte gemeenschap. En ze vinden het natuurlijk fantastisch. Wat een geile rakkers, hè? Die jochies liet ik, afhankelijk van hun uiterlijk, vaak zonder condoom in mijn mond komen. Ik geloof dat ik velen van hen goed heb lesgegeven, en het waren vrijwel zonder uitzondering rustige nummertjes. Niks geen acrobatiek, lekker in de missionarishouding. Wat zij willen is erin, en genieten maar. Fantasieën en variaties komen later pas. Met meer ervaren mannen gaat het er anders aan toe.

Ik deed mijn uiterste best om voor mijn ouders het 'brave meisje' te blijven. Als ik thuiskwam na het uitgaan had ik het alleen maar over hoeveel ik had gedanst. Maar op een avond kwam ik thuis met op mijn hals duidelijke zuigvlekken van de kussen van Thiago, een jongen met wie ik een paar keer wat heb geflikflooid. Het is nooit echt wat geworden, want toen ik hem overdag zag, was de schoonheid die het halfdonker deed vermoeden in geen velden of wegen te bekennen. En ik had ook geen zin om de hele tijd mijn lippen te schaven bij het kussen; het feit dat we allebei een beugel droegen was echt een ramp. Maar daar zaten dus die zuigvlekken, er was geen make-up tegen opgewassen. En ik had nog zo mijn best gedaan.

Mama zag het natuurlijk en de volgende dag moest ik naar school met een linnen blouse aan die mijn hals bedekte. Vergeefse moeite: het was bloedheet en de bloeduitstortingen zag je toch. Niet dat ik me schaamde. Dat ik op school de reputatie van een slet had, liet me koud. Ik was als een jongen. Voor hen is zo'n reputatie een teken dat ze een echte macho zijn. Ik zag het als een trofee, het bewijs dat iemand die nacht naar me had verlangd. Wie weet had ik wel een nacht van wilde seks achter de rug... Ik wist hoe het zat, zij niet; dat was de grote grap. Dit was mijn manier om ieders aandacht op me te vestigen. Ik, een meisje van dertien met een gezicht vol puistjes, nog een beetje mollig, al was ik twintig kilo afgevallen met een dieet. Geen jongen op school zag me staan, niet op straat en niet elders. Alleen 's nachts. In het donker zag ik er zeker mooi uit. Net als Thiago.

In mijn drang naar zelfbevestiging begon ik ook stiekem te roken op de toiletten in school. Ik was een echte meeloopster en hoorde bij het 'verdorven' groepje. Veel van hen rookten op hun twaalfde of dertiende al wiet. Ik wilde niet dat ze me een trut vonden, maar hield het toch maar bij mijn geliefde kruidnagelsigaretten. Wat was er nou voor lol aan om je tijdens het spijbelen terug te trekken in de steegjes rond school, en dan trekjes te nemen van in een vloeipapiertje gerolde kruiden? Alleen maar om dan dom te gaan staan giechelen en onsamenhangende onzin uit te slaan? Bij het opsteken van mijn eerste stickie, ik was net veertien, brandde ik meteen mijn tong.

Op die leeftijd vind je jezelf misschien heel volwassen, maar eigenlijk weet je het allemaal nog niet zo goed. Toen ik begon te roken, hield ik bijvoorbeeld niet van de smaak en van het duizelige gevoel dat ik ervan kreeg. Ik kon niet eens goed inhaleren, en dat vond ik echt een ramp. 'Moet je Raquel zien: ze kan niet eens inhaleren...' Dacht je dat ik het domme gansje van de groep wilde zijn? Ik ging keihard oefenen tot ik erin slaagde de smerige smaak te negeren en niet te hoesten. Alles om er maar bij te horen, net zo te zijn als mijn vriendinnen. Net zo? Vriendinnen? De 'vriendinnen' verdwenen. De verslaving bleef. En niet alleen aan roken.

Met drank was het hetzelfde liedje. Ik hield niet van de smaak, ik vond er niets aan. Om te laten zien dat ik erbij hoorde, vroeg ik op een dag aan een oudere jongen van mijn school om een blikje bier voor me te kopen, dat ik in één keer achteroversloeg om de smaak niet zo te proeven. Ik vroeg er nog een, en nog een, dat ik op dezelfde manier leegde. Na het derde blikje draaide alles om me heen. Te midden van de euforie en de warmte van de dronkenschap bekroop me de angst dat ik op heterdaad zou worden betrapt door het een of andere personeelslid van school, een van die schoolwachten die in gewone kleding in de buurt rondlopen om de leerlingen eruit te pikken die rottigheid uithalen.

Al die moeite om maar cool te zijn, al het roken, drinken en uitgaan begon zijn terugslag te vinden in mijn rapporten die mijn moeder op raadselachtige wijze in handen kreeg als ik ze niet met behulp van de portier van onze flat uit de post wist te onderscheppen. Daar stond in hoe vaak ik afwezig was geweest (wat ik altijd probeerde te verklaren door te zeggen dat de leraar me niet had gehoord toen ik 'present' zei) en mijn cijfers die met de dag slechter en moeilijker uit te leggen werden. Maar niets van dit alles weerhield me ervan om te liegen en door te gaan met mijn streken.

Ik kon het me niet veroorloven nog beroerdere cijfers te krijgen wegens mijn slechte gedrag. Aangezien ik dagelijks spijbelde en geen bal snapte van de stof in de boeken, begon ik te frauderen. Op de Bandeirantes-school worden de tentamens van de diverse schooljaren op verschillend gekleurd papier gedrukt. Dus ik kocht simpelweg papier van dezelfde kleur als mijn proefwerken en schreef er thuis de antwoorden op van de vragen die ik verwachtte. Dat was niet helemaal mijn idee, er waren meer leerlingen die dit deden. Zoals gewoonlijk sloot ik me aan bij de massa. Als de docent even niet keek, stopte ik mijn blaadje tussen de andere bladen van het proefwerk. Klaar!

Deze tactiek werkte bij mij tot aan het laatste tentamen van het jaar, geschiedenis. Ik had nog maar één punt nodig om over te gaan, maar zwichtte voor de verleiding en werd gesnapt door de lerares. Nadat ik eruit was gezet, liep ik een beetje verdwaasd richting huis, bang voor wat mijn vader zou zeggen of doen. Ik kwam bijna onder een auto; was dat maar gebeurd. Ik treuzelde lang voor ik naar boven ging en aanbelde. Mijn vader deed open. 'En, meisje, hoe ging je tentamen?' Ik barstte in tranen uit. Tot mijn verbazing omhelsde hij me. Ik begon nog harder te huilen, nu van schaamte. 'Als u het hoort, gaat u me vermoorden.' Ik biechtte de waarheid op en verwachtte dat hij me zou slaan. Ik weet niet waarom – hij had me nog nooit met een vinger aangeraakt. Hij wilde alleen weten waarom ik het had gedaan en liet me beloven dat ik nooit meer zou frauderen. En dat zou niet de enige verrassing zijn, en ook niet de enige les die ik ervan heb geleerd.

De dag dat mijn moeder naar school moest komen voor een gesprek met de docente, zei die dat het heel gewoon was dat leerlingen op die manier fraudeerden. Maar dat ik een wel heel groot vel had gebruikt. Lachend liet ze mijn enorme vel papier zien. 'Je moet leren kleinere velletjes te gebruiken.' Ik geloofde mijn oren niet: ik kreeg hier een lesje in doe-het-zelven! Ze prees me ook nog en zei dat ze me toch het punt zou geven dat ik nodig had, omdat ik een leerling was geweest met wie ze geen problemen had gehad. O? Ik haalde van alles uit in haar les – als ik al ging. De menselijke ruimhartigheid is soms echt niet te volgen...

We waren al bijna een halfuur in de slaapkamer. Ondanks zijn snelheid was zowel de eerste als de tweede keer heel lekker. We hadden nog een halfuur, maar het zag er niet naar uit dat de jongen nog tot een derde orgasme zou komen. Hij lag naast me, wij allebei naakt, en wilde knuffelen. Hij nestelde zich in mijn armen en bleef daar met mijn borsten liggen spelen, liet zijn vingers over mijn buik glijden en dan weer terug. Hij was degene die de stilte verbrak. 'Ik raak opgewonden van mijn eigen moeder.'

Ik praat graag met mijn klanten. Ik babbel honderduit en zij kruipen uiteindelijk uit hun schulp. Wat ik al allemaal heb gehoord... Dat is mijn psychologische kant. Ik wilde psychiater worden, al weet ik dat ik nooit tot de studie medicijnen zal worden toegelaten. Maar psychologie ligt er dichtbij, dus als ik weer ga studeren kies ik daarvoor. Aan studiemateriaal in elk geval geen gebrek. Maar goed, ik dwaal af. Ik had *Oedipus* gelezen, dat boek over die vent die zich aangetrokken voelde tot zijn moeder, Iocaste. Voor mij was dat niets meer dan een Griekse tragedie – tot die openhartige bekentenis. De openhartigheid van de man maakte me nieuwsgierig. We praatten er lang over door en hij vertelde dat zijn moeder op jonge leeftijd zwanger van hem was geworden, op haar zestiende. Hij moet een jaar of 44 zijn geweest, want volgens hem was zijn moeder zestig.

De aantrekkingskracht was (hoe freudiaans!) ontstaan in zijn jeugd. Toen hij nog een kleine jongen was, liep zijn moeder vaak enkel in haar slipje en beha door het huis. Dat beeld zette zich vast in zijn hoofd. Ze gingen samen in bad en zo. Het verlangen en de fantasie bleven hem zijn leven lang bij. Zelfs nu nog, op zijn huidige leeftijd, was hij geobsedeerd door de gedachte aan seks met haar. Toen zijn tijd om was, zei hij dat hij me zou geven wat ik maar wilde, als ik zijn moeder kon overhalen om met hem naar bed te gaan. Ik ging erop in en vroeg tienduizend real. Ik geef toe dat het geld aanlokkelijk was, maar ik had geen idee hoe ik haar moest overhalen met haar zoon te slapen. Hij vertelde me hoe hij zich de seks voorstelde, hoe hij haar kleren zou uittrekken, aan haar slipje zou ruiken, haar helemaal zou likken, de standjes. Wel duizend fantasieën. Die nog steeds in zijn hoofd zitten.

Op mijn veertiende had ik een grenzeloos verlangen om alles aan het leven te ontdekken. Natuurlijk, er waren vragen te over. Een ervan had betrekking op mijn seksualiteit. Ik had de jongens die ik aftrok tijdens het uitgaan al veel genot bezorgd, had al heel wat stijve pikken vastgehouden, maar ik wist niet of dat het maximum van genot was. Ik was nieuwsgierig – maar ook heel bang – hoe het zou zijn om fysiek contact te hebben met een andere vrouw. Zou ik lesbisch zijn? In die levensfase zijn er maar twee kleuren: zwart en wit. Als iets niet zwart is, moet het wel wit zijn. Maar ik probeerde daar niet te veel over te piekeren.

Op een dag had de jongen die in de klas voor me zat een *Play-*

boy bij zich. Hij begon het blad onder de les te bekijken en ik keek over zijn schouder mee, gespitst op wat ik te zien kreeg. Ik had nog nooit een blad met naakte vrouwen gezien; die dingen kwamen bij ons het huis niet in. En stel je de schaamte eens voor als je er een bij de kiosk zou gaan kopen. Ik vroeg of ik het mocht zien. Hij gaf het me en ik vond het te gek. In de pauze aarzelde ik geen moment; ik jatte de *Playboy*, stopte hem in mijn rugzak en nam hem mee naar huis. Ik had al gemasturbeerd onder het bekijken van het blad *G Magazine* – daar had ik er een heleboel van gekocht. Maar ik was nooit klaargekomen bij het zien van die gozers met een stijve pik. Wie weet zou ik met vrouwen eindelijk klaarkomen. En ja, bingo! Na dat wapenfeit móést en zou ik mijn nieuwsgierigheid verplaatsen van papier naar realiteit.

Ik ging met een vriendin – een supervriendin – naar een groot feest van een meisje dat vijftien was geworden en sprak af dat ik daarna bij haar bleef slapen. We dronken champagne tot we niet meer konden, we werden erg lollig. Thuis besloot zij een douche te nemen.

'Hé, wat duurt dat lang daarbinnen!'

'Ik hoor je niet!'

Ik liep de badkamer in om haar uit te foeteren.

'Zeg, ik wil ook nog onder de douche.'

'Kom er maar in, dan,' antwoordde ze vrolijk, zonder bijbedoelingen. Dus ik stapte de douchecabine in…

Ik herinner me nog het plezierige en bedwelmende gevoel dat ik kreeg toen ik daar stond, oog in oog met een ander meisje, naakt, dat zich voor mijn ogen waste.

'Wat is er?'

'Niets.'

Ik werd er opgewonden van, maar zette niet de eerste stap. Ondanks die volslagen verwarring in mijn binnenste, verlangen, begeerte, gewilligheid, angst, vond ik alles vreemd. Ik keek alleen maar. Dat veranderde echter toen zij het initiatief nam. Onder de warme douche, in de stoom, stonden wij tweeën, nat en stil, en haar handen begonnen zachtjes over mijn lichaam te dwalen. Bij elke aanraking liet ik me meevoeren. Ik beantwoordde haar strelingen. En kreeg ze weer terug. Een lichaam als het mijne. Vrouwelijk, rond, zacht. Die nacht deden we het met elkaar en het was heerlijk.

Het is nooit opnieuw gebeurd tussen ons. We schaamden ons allebei. We hebben het ook nooit meer over die nacht gehad, en de vriendschap bekoelde. Hoe kan ik een vriendin mijn verhalen vertellen of de hare aanhoren nadat ik met haar naar bed ben geweest? We ontmoetten elkaar enige tijd later, en we kwamen weer nader tot elkaar, maar de vriendschap werd niet meer als vanouds. Ik denk dat we het niet hadden moeten doen die nacht. Ik had liever mijn vriendin terug gehad, hoe fijn de ervaring ook was.

Op een dag verschenen er twee klanten tegelijk.

'Willen jullie om de beurt?'

'Nee, we willen tegelijk.'

Wauw! Zou ik dat aankunnen? Ik had nog nooit een dubbele penetratie (een zogenaamde DP) gedaan. Ze zeggen dat nieuwsgierigheid je duur kan komen te staan, maar bij mij brengt het juist geld in het laatje.

'Oké, kom maar op!'

In het begin wist ik niet aan wie ik meer aandacht moest geven. Ik begon de ene te pijpen, terwijl de ander naast zijn vriend neerknielde en ik nu weer de een, dan weer de ander afzoog. Ik kuste ze om beurten. Ik vroeg me af of er ook nog iets tussen hen tweeën zou gebeuren, zoals dat gaat als er twee vrouwen in een triootje zijn. Maar ik kreeg door dat er tussen hen geen enkel contact zou zijn. Behalve dan tussen de eikels van hun penis die tegen elkaar aan kwamen, en die ik zelfs allebei tegelijk probeerde af te zuigen. Een moeilijke klus... maar niet onmogelijk.

Twee mannen tot mijn beschikking te hebben, gaf me een ongelooflijk machtig gevoel. Een van hen ging liggen en ik begon hem, op handen en knieën, te pijpen. De ander kwam achter me zitten en ramde zijn pik in mijn kutje. Nadat we een hele tijd deze positie hadden ingenomen besloot degene die me van achteren nam, hem in mijn kont te stoppen. Degene die ik pijpte, gleed dieper onder me en penetreerde heel voorzichtig mijn kutje. Ik voelde de twee penissen in me wedijveren. En ze waren niet bepaald klein.

'Voel je dat zwaardgevecht in je?'

'En wát een gevecht...'

Het was maar goed dat de bewegingen wat ingehoudener werden, dat maakte het nog lekkerder; daardoor kun je alles in een ander ritme doen. Ik kwam tot de ontdekking dat ik DP verrukkelijk vond. Degene die me van achteren neukte, kwam als eerste klaar en ging de kamer uit. De ander bleef ik nog een hele tijd berijden, tot ook hij kwam. Pas na afloop zag ik dat het sperma van de eerste op het laken was gedropen. Balen...

De routine van een prostituee heeft ook een niet bepaald glamourvolle kant. Ik deelde mijn nette maar eenvoudige kamer, met erin de bedden, een grote kast, spiegels en aan de wanden een paar onpersoonlijke schilderijen, net als in een hotel, met vier andere meisjes. Niets wat doet denken aan wat je in de film ziet, zoals een grote kaptafel vol prullaria. Aangezien we daar ook werkten, moesten we zorgen dat het er schoon was.

Om beurten moesten we de kamer vegen. Niet dat we daar allemaal even dol op waren, maar waar het smerig is, kun je je werk niet doen... Het wassen van het beddengoed en de handdoek van de klant was de taak van de wasserij. Maar de meisjes verschoonden zelf hun bed; een ander zou daar maar misselijk van worden. Alleen (geheimpje) wordt het bed niet voor iedere klant verschoond. Soms doe je een hele dag met dezelfde lakens, waar al verschillende mannen op gelegen hebben. Even rechttrekken en klaar. Ik zeurde voortdurend bij de leiding om schoon beddengoed. Omdat ze niet zoveel lakens hadden en al dat wassen te duur werd, werd de bedrijfsleidster boos en zei nee. Soms besmeurde ik het laken met gel, zodat het wel moest worden verschoond. Die vrouw werd dan natuurlijk kwaad op me, maar dat kon me niet schelen.

De eerste keer dat ik van club veranderde, was ongeveer zeven maanden nadat ik was gaan werken. In feite werd ik er door de madam van Franca uitgezet, samen met nog twee meisjes, omdat iemand had verklikt dat we stiekem wiet rookten. Al ben ik aardige meisjes tegengekomen met een achtergrond net als de mijne, er is in het wereldje ook veel jaloezie. We zijn immers allemaal concurrenten van elkaar. Daarom heb ik ook nooit willen werken in bordelen als Café Photo of Bahamas. Als je dit soort ongein al hebt tussen tien meiden in een privéclub, wat krijg je dan met honderd? Ik vind het ook niet prettig de klant te moeten verleiden om een nummertje met mij te maken: óf hij wil, hij komt mee en we doen het, óf ik pas. Wat in dit vak telt, is je lichaam, dus je hebt ook meiden die de hele tijd afgeven op andermans uiterlijk. Het is niet gemakkelijk om in dit wereldje echte vriendinnen te maken. Ik heb nooit in een bedrijf gewerkt, maar ik vermoed dat het daar niet veel anders zal zijn... Als je eenmaal door een klant gekozen bent, kun je beter oppassen, want op dát moment gaat de beerput open. Bij zo'n gelegenheid besloot een stiekemerd een boekje open te doen over dat stickie, puur om me te naaien. En dat lukte.

Ik kwam uiteindelijk terecht in een geel huis aan de Alameda Jurupis, vlak bij winkelcentrum Ibirapuera. Het leven ging verder, en het werk ook. Door een speling van het lot duurde deze periode maar enkele maanden. Op een dag werd ik opgebeld door Mari, die me vertelde dat er veel klanten wegliepen bij Franca omdat ze mij daar niet meer zagen. Het resultaat was dat de bazin, Larissa, haar trots moest inslikken en me moest vragen terug te komen. Ik vond Franca een prettige club en keerde terug, maar alleen om er te werken, want ik had al een flatje voor mezelf gehuurd aan de Avenida Miruna, in Moema. Al had ik het nodige verspild aan drank, wiet en coke, toch had ik wat opzij kunnen leggen voordat ze me er bij Franca uitgooiden. Aangezien het me niet was gelukt een bankrekening te openen (ga dat maar eens proberen als achttienjarige callgirl zonder erkend beroep en vast adres, behalve dat van de club waar je werkt), droeg ik dat geld in een zakje bij me; niet bepaald veilig. Ik huurde de flat vooral om een bergplaats te hebben voor mijn spaargeld – en ik sliep daar omdat ik er toch al voor betaald had.

Mijn terugkeer naar Franca werd niet wat ik ervan had verwacht. De meisjes die ik kende, waren er niet meer en alles was heel vreemd. Ik had behoefte aan actie, nieuwe dingen, iets om naar uit te kijken. Bovendien voelde ik me gedeprimeerd en een beetje verloren, en ik wilde graag van de coke af. Als ik mijn leven geen andere draai gaf, wist ik dat ik totaal de weg zou kwijtraken en eindeloos de hele dag zou moeten neuken om na werktijd te kunnen roken en snuiven. Kortom: het plaatje van de hopeloze, verloederde hoer die in haar eentje op straat eindigt, of hangend uit een raam van een oud krot. Ik dacht alleen maar aan geld verdienen om onafhankelijk te zijn, zonder een bordeelhouder te hoeven onderhouden. Dus ik moest harder werken. Een meisje dat in hetzelfde gebouw woonde als ik, had het over het verschijnsel 'vintão', de 'twin-tigers'. Wie raadt waar deze naam op slaat, krijgt een snoepje van me. Ik werd heel nieuwsgierig wat meisjes ertoe bracht om zich voor maar twintig real te verkopen. Als het een kwestie was van kwantiteit en snel binnenlopen, kom dan maar op!

Ze nam me mee naar een gelegenheid in Campo Belo. Daar werd vlot zaken gedaan, in veel eenpersoonskamertjes zonder enige luxe of hygiëne. Smerig, onder de luizen, gewoon een zwijnenstal. De kamertjes waren zo klein dat er alleen een oude stoel en een eenpersoonsmatras in pasten, met een goor laken erop dat slechts eenmaal per dag werd verschoond. Een nummertje gaat snel en duurt tien tot vijftien minuten: een soort neukexpres, tien real voor de pooier, tien real voor het meisje.

Ik wilde weleens zien wat voor klanten daar kwamen. Er was van alles bij: straatvegers, schoonmakers, kerels met een mini-mumsalaris. Mannen die willen klaarkomen, verder niets. Maar tot mijn grote verrassing zaten er ook rijke jochies tussen, en mannen in goeden doen. Ik trof een ingenieur van in de veer-tig die me een goede, stevige beurt gaf. Ik kon mijn nieuwsgie-righeid niet bedwingen en vroeg: 'Waarom kom je hier als je je iets beters kunt veroorloven?'

'Ik ga liever elke dag dan dat ik eens per week voor een gro-te beurt ga. Zodoende kom ik hier dagelijks.'

Toen ik dat antwoord had gehoord, verbaasde het me nog meer hoe praktisch mensen kunnen zijn. Ik bleef maar twee dagen als 'twintiger'. Maar wel twee zéér leerzame dagen.

In oktober 1999 kwam mijn leven in Bandeirantes met een grote klap ten einde. Ik was 15 jaar. Deze keer was er geen weg terug. Ik was bloedgeil op een jongen uit mijn klas. Hij was knap en blond, en met zijn lichte huid en blauwe ogen leek hij wel een engel. Maar zijn zelfvoldane manier van doen verpestte alles. Tot de dag waarop hij me het hof begon te maken.

Tijdens de natuurkundeles deed de lerares het licht uit voor een experiment. We stonden allemaal rond de tafel waarop de proef plaatsvond. Hij stond vlak naast me. Plotseling pakte hij heel rustig mijn hand. Met bonkend hart liet ik het toe. Hij bracht mijn hand naar zijn penis. Ik voelde hem door zijn broek heen. Hij was al stijf. Ik dacht dat iedereen mijn hart als een razende tekeer kon horen gaan. Mijn angst kreeg de overhand en ik trok mijn hand terug. Hij gaf niet op. Hij kwam achter me staan en begon tegen me aan te bonken, midden tussen de anderen. Ik liet hem begaan: hij, die iets met mij wilde? Met Raquel, het dikkerdje? Ik was helemaal nat, opgewonden en verschrikt. Ik weet niet hoe lang we zo bleven staan, terwijl hij zijn stijve van achteren tegen me aan drukte, me provoceerde, me prikkelde.

Aangezien het de laatste les van die dag was en het al donker begon te worden, bood hij aan met me mee te lopen naar huis. Maar in werkelijkheid wilde hij me overhalen om ergens heen te gaan en af te maken waarmee we in de les waren begonnen.

'Het is al laat, ik krijg problemen met mijn moeder.'

'Zeg gewoon dat je anatomie bent gaan oefenen met een klasgenoot.'

'Een ander keertje, goed?' Ik bakte zoete broodjes. Tot hij me voor het blok zette.

'Shit zeg, je gaat me toch niet zo laten zitten, hè? Ik weet dat jij ook wilt.'

We stonden tegen de muur van een school die aan de straat

achter mijn huis lag. Op dat moment liet ik me niet door hem kussen, maar ik trok hem ten slotte maar af, midden in die stille straat, al had ik er geen zin in.

De volgende dag begon hij tijdens de les aan te dringen en briefjes te sturen, en ik hield het niet meer. Het was zover. Na de les, een nieuw avontuur. Onderweg stopte hij om condooms te kopen. Ik raakte in paniek, zoals bij zoveel andere keren dat ik het bíjna ging doen. Ik wilde niet dat mijn eerste keer zo zou zijn. Of dat hij zou merken dat ik nog maagd was. We hielden stil in een doodlopend straatje.

'Het gaat niet.'

'Pardon?'

'Ik zou ergens heen gaan met mijn moeder.'

'Vergeet het maar; we zijn al zo ver, nu gaan we ook door.'

Weer wilde ik ervandoor, maar hij liet me niet gaan.

'Jij komt hier niet weg voor je me op zijn minst hebt gepijpt.'

Ik kon geen kant op. Ik mocht pas weg als ik hem afzoog. Ik kon moeilijk zeggen dat ik dat niet kon. Wat een afgang. Ik had nog nooit een piemel in mijn mond gehad en had geen idee wat ik ermee moest. Ik stelde me voor dat ik op een lolly ging sabbelen. Ik hurkte neer en hij stond tegen de muur met zijn broek naar beneden en trok aan mijn haar op het ritme van de bewegingen. Dat getrek aan mijn haar vond ik niet prettig. Ik hield zijn pik bij de wortel vast, onder aan de balzak. Als ik hem zijn gang liet gaan, zou hij alles in mijn mond stoppen. Ik was bang dat ik erin zou stikken, maar was ook heel opgewonden. Door de situatie, door de smaak van de jongen, zijn geur, het gebeuren op zich, de angst betrapt te worden. Het duurde niet lang of hij begon heel diep te kreunen en te hijgen en zijn pik met kracht tussen mijn lippen te stoten. En toen, met een stevige stoot, kwam die vreemde smaak recht in mijn keel. Hij kwam klaar in mijn mond. Alleen durfde ik niet door te slikken.

Of het waar is weet ik niet, maar hij zei dat dat de beste orale seks van zijn leven was geweest. Nou, dat was dus een debuut met lovende kritieken... Ik weet alleen dat hij echt heerlijk kreunde. Opnieuw had ik niet de moed te zeggen dat het mijn eerste keer was. We beloofden elkaar dat het gebeurde tussen ons zou blijven.

Stom genoeg brak ik die belofte zelf: ik vertelde het aan een 'vriendin' die de jongen in kwestie adoreerde. En zo te zien hield ook hij zijn mond niet. Binnen een paar dagen was de roddel in de hele klas bekend. Niemand kwam me ernaar vragen of wilde mijn kant van het verhaal horen. Ik hoorde ze alleen maar ginnegappen en voelde de blikken in mijn richting. Sommige spottend, andere vol walging.

Als bij toverslag verdween iedereen om me heen. Zelfs mijn 'vriendinnen' stonden niet aan mijn kant. Ik stond helemaal in mijn eentje. Het was een schande om met mij gezien te worden. Een meisje kwam me vragen wat mijn prijs was. Ik zei: 'Niets.' Het was stom van me geweest. Ik voelde me onrechtvaardig bejegend. Zelfs de meisjes die geen maagd meer waren, hielpen mijn reputatie als hoer te vestigen en door de hele school te verspreiden. Maar ik hield me kranig. Ik ging gewoon naar school en al voelde ik me nog zo eenzaam en gekwetst, ik vergoot er niet veel tranen om, al leed ik er echt onder. Ik was pas vijftien jaar! Tot de dag dat ik niet meer tegen alle hypocrisie kon en zei: 'Oké, ik heb het gedaan, ik vond het fijn en ik zou het zo weer doen.' Daar hadden sommigen niet van terug. Ik weet dat ik geen misdaad had begaan. En toen realiseerde ik me nog iets: wat had die jongen eigenlijk verteld? Mannen hebben zo'n idiote, kinderachtige manier om op te scheppen en alles uit te vergroten. Ik ben er nooit achter gekomen of dat hier ook het geval was, want niemand praatte met me. Zelfs hij niet. Maar ik denk dat hij inderdaad heeft lopen opscheppen dat hij 'het' met me gedaan had.

Het verhaal kwam uiteraard bij de schoolleiding terecht. Ik ontkende alles en zou tot de dood zijn blijven ontkennen. Die dag knapte er iets. Ik kwam huilend thuis en vertelde alles aan mijn moeder. Nou ja, niet álles. Ik zei dat ik van school was weggegaan om met een jongen te zoenen en dat ze erbij hadden verzonnen dat ik het met hem had gedaan, hem had gepijpt.

Het achtste schooljaar was bijna om en mijn moeder besloot me op een andere school te doen. Ik weet niet of ze me geloofde of maar deed alsof, net als ik. Bandeirantes zou verleden tijd zijn geworden. Ware het niet dat er een jongen tegelijk met mij overstapte naar de Maria Imaculada-school – en toevallig in dezelfde klas terechtkwam als ik. Het verhaal ging weer als een lopend vuurtje rond, en Raquel werd opnieuw in een hokje geduwd. Weet je wat? Pleur op met z'n allen!

Mijn ervaring als 'twintiger' was echt heel interessant geweest. Al was het niets voor mij. Ik werk met mijn lichaam en word daar uiteraard moe van. Zonder in woordgrapjes te willen vervallen: op je rug je geld verdienen is nog niet zo gemakkelijk, hoor. Tien nummertjes op één dag grenst aan waanzin. Alles doet je zeer. Voor mij was het zaak een andere privéclub te vinden, diep adem te halen en opnieuw te beginnen. Maar met een andere instelling. Ik kwam terecht in een club aan de Rua Michigan, in Brooklin. Achteraf weet ik waarom ik door die ervaring heen moest: het was de plek waar ik mijn naam verdiende. Ik ben altijd dol geweest op de zee. Een van mijn zussen had een huis in Guarujá, aan de kust, en daar ging ik altijd naartoe. Ach, wat een mooie tijd... Op zee beleefde ik mijn enige momenten alleen, zonder iemand in mijn buurt. Aan de kust leerde ik surfen op een bodyboard, en zelfs op een surfplank. Maar niemand wist daarvan.

In het huis werkten twee Bruna's. Een zekere klant koos Bruna en de madam bracht hem mijn naamgenote.

'Nee, niet die, ik wil *a surfistinha*, het surfmeisje.'

Ik mocht de vent wel. Het werd een uur vol chemie en affiniteit.

'Waarom noemde je me "surfistinha"?'

'Je hebt stijl.'

'Oké!'

Toen ik bij dat huis wegging en vanuit mijn flat begon te werken, moest ik een achternaam verzinnen die bij me paste. Ik herinnerde me dit voorval en aarzelde niet: *Bruna Surfistinha* zou ik zijn.

Ik vertelde al dat een van de dingen waar ik me in de privéclubs het meest aan ergerde de kwestie van de lakens was. In Michigan werden de handdoeken door het personeel van het huis zelf gewassen (het beddengoed ging naar de wasserij). Er waren een stuk of vier wasmachines en tientallen meters waslijn om de handdoeken te laten drogen. Alleen was er aan het begin van de winter, juist wanneer er meer klanten zijn, bijna geen zon, en die rothanddoekken wilden maar niet drogen. Welnu, in de kamer waar de meisjes moesten wachten stond een kacheltje. Dus na een afspraak kwamen we naar beneden met de handdoek, de gerant hing hem voor het kacheltje en liet hem snel opdrogen, keek even of er geen vlekken op zaten en rolde hem weer op. Weer als nieuw, toch? En de ene man na de andere droogde zich met dezelfde handdoek. Brr...

Al die toestanden, mijn ontdekking van de wellust, de kwaadsprekerij, het verlies van mijn vrienden, het feit dat ik altijd aan de dikke kant was geweest, dat alles leidde ertoe dat ik me ontzettend rot voelde. Ik raakte in een depressie, slikte prozac en zo. Daarbij kreeg ik boulimie doordat ik was geobsedeerd door mijn angst om weer dik te worden. Ik propte me vol met zoetigheid en stak vervolgens even gemakkelijk een vinger in mijn keel. Het werd iets dwangmatigs. En ik had honger, ik at veel, ik denk als gevolg van de pillen en mijn innerlijke onrust, om vervolgens de kamer uit te rennen en alles er weer uit te gooien. Op weg van school naar huis kwam ik langs een winkel en ik kocht daar elke dag voor twintig real aan snoep en chocolade. Dan schrokte ik praktisch alles tegelijk op, gewoon om de smaak te proeven, en probeerde ik het er twee minuten later weer uit te krijgen. Mijn moeder had het door, onder andere door het geluid van het door- trekken na elke maaltijd en elke eetaanval. Om het te verbergen gaf ik over in een krant, zodat ik de wc niet hoefde door te trek- ken.

Weet ik veel waar die stomme depressie vandaan kwam. Nou ja, ik weet het natuurlijk wel: ik vond mezelf dik en lelijk, ik was geadopteerd, ik had enorme problemen met mijn vader... toen ik 16 werd, na die narigheid op de Bandeirantes-school en toen de geschiedenis me achtervolgde op de Imaculada-school, realiseer- de ik me dat ik, tot overmaat van ramp, totaal geen vrienden had. Het werd zo erg dat ik geen uitweg meer zag. Ik was van plan mezelf van kant te maken. Het moest op een snelle manier ge- beuren, waarbij ik geen pijn hoefde te lijden of het risico liep toch in leven te blijven, maar dan met een dwarslaesie of zo. Een pistool, dat zou het beste zijn; mijn vader had er een in huis. Le- gaal, uiteraard. Niet dat hij het ooit had gebruikt, het ding kwam nog uit de tijd dat we in het buitenhuis woonden. Ik wist waar hij het verborgen hield.

Op een dag was ik alleen thuis en ik zag het echt helemaal niet meer zitten. Ik pakte stiekem mijn vaders wapen en stak met trillende handen de loop in mijn mond. Vreemd gevoel, zo'n wapen in je hand. Het is koud en het gewicht past niet bij de grootte ervan. Het leek of ik iets in mijn handen had van een andere planeet, van een plek die best eens mijn eindbestemming zou kunnen zijn, na het lossen van mijn eerste en tevens laatste schot. Ik deed mijn ogen dicht en stond op het punt om met mijn duim de trekker over te halen. Ik voelde een waanzinnige druk in me, in mijn hoofd, mijn borst. Ik telde tot drie en… KLIK! Het kreng was leeg. Toch kwam het verlangen om tot het einde te gaan weer op. Ik keerde alles ondersteboven en vond een zakje waarin mijn vader de kogels bewaarde. Wat me bezielde weet ik niet, maar ik kreeg het niet voor elkaar een kogel in het pistool te stoppen. Ten slotte gaf ik het op. Voorlopig.

Er ging een week voorbij en ik voelde me nog steeds ellendig. Ik slikte prozac om wakker te blijven en een ander middel om te slapen. Ik geloof dat geen van beide het gewenste effect had, want elke van die zeven nachten had ik liggen te malen over mijn leven en alle problemen die ik moest zien op te lossen. En ik besloot het nogmaals te proberen. Ik wachtte tot iedereen sliep, zette een stoel bij het raam van de huiskamer, het enige raam waar geen hor voor zat, en concludeerde dat een val vanaf de negende verdieping dodelijk moest zijn, zoals de bedoeling was. Ik klom op de stoel, sloeg een been over de rand van het raam en zat met mijn lichaam half buiten, half binnen, te denken aan de nare dingen in mijn bestaan. Dat moest me de kracht geven om te springen. Maar ik kwam niet op iets dat erg genoeg was om me dat zetje te geven. Er kwamen alleen maar goede dingen in me op: mijn dromen, mijn wens om het bij te leggen met mijn ouders. Mijn moed, die al niet zo groot was, vloog eerder het raam uit dan ik. Daarna heb ik het nooit meer geprobeerd. Ik wilde leven. Dus dan moest ik zorgen dat het beter werd voor mezelf.

Ik had al twee vriendjes gehad, een op de Bandeirantes-school en de andere op de Maria Imaculada, maar was met geen van beiden verder gegaan dan voelen, vastpakken en een beetje pijpen. Jullie denken zeker dat ik lieg, maar ik was op mijn zeventiende nog maagd! Ofwel: nog geen enkele jongen had zijn pik in me gestopt. En dat is, technisch gezien, het criterium voor al of niet maagd zijn. Eerlijk waar; ik heb geen enkele reden om daar nu over te liegen.

Aangezien mijn moeder me in de gaten hield en ik niet wilde dat mijn eerste keer zou plaatsvinden tegen de muur van een donker straatje of op een dansvloer, was het niet gemakkelijk om aan alle vereisten te voldoen. Natuurlijk moest ik ook echt verliefd zijn. Ik droomde ervan een vriendje te versieren om met hem te gaan samenwonen, al was ik nog zo jong.

Het derde vriendje van mijn leven kreeg ik via internet. Bij ons thuis hadden mijn vader en ik elk onze eigen pc, wat een zekere privacy garandeerde, al was het in de virtuele wereld. Ik ben altijd gek op internetten geweest en ik bracht uren door met surfen, dingen schrijven en natuurlijk ook virtueel flirten. Tot ik via het scherm verliefd werd op een jongen. Serieus. We maakten een afspraakje en al. Toen hij voor me stond, vond ik hem vreselijk. Als ik niet zo verliefd was geweest... we kregen echte verkering.

Bij mij thuis stuitten we op de nodige vooroordelen, want hij was brommerkoerier. Het nette, welgestelde meisje uit de middenklasse met zó'n vriendje? Mijn vader vond het niet goed, absoluut niet. 'Ik wil niet dat je verkering hebt met een arme sloeber, een brommerkoerier. Stel je voor dat je met zo'n type gaat trouwen! Hij kan je niet eens onderhouden, je zult moeten werken.' Voor hem moest een gezin zijn zoals dat van hemzelf: mijn moeder had nooit gewerkt nadat ze was getrouwd, al had ze letteren gestudeerd en voor hun huwelijk een tijdje als lerares gewerkt in Sorocaba. De ziel, wát een verveling: de hele dag tv-kijken, voor het huis en haar dochters zorgen en een beetje babbelen aan de telefoon.

Liefde is blind, doof en oliedom. Maar stom, dát niet. Ik maakte iedere dag ruzie met mijn ouders. Ik denk dat de reden waarom ik tegen ze in ging tot ik niet meer kon, was dat ik in één klap van mijn maagdelijkheid af wilde. Je kunt je voorstellen wat een heksentoer dat was. Mijn ouders waren op reis en mijn zussen woonden niet meer bij ons. Als mijn moeder de deur uit was, vroeg ze de hulp altijd om bij ons in huis te overnachten – om precies te zijn in de huiskamer... De hulp ging altijd vroeg slapen, wat de dingen gemakkelijker maakte.

Ik plande alles. Mijn vriendje kwam het gebouw in en belde met zijn mobieltje. Zonder argwaan te wekken zei ik dat ik naar het appartement van een vriendin ging. Ik ging naar beneden, trof mijn vriend en we gingen samen weer naar boven in de personeelslift, zodat we de intercom niet hoefden te gebruiken. Op mijn verdieping aangekomen, verstopte hij zich in het trappenhuis. Echt heel opwindend. Het leek wel een film.

Mijn hart ging als een gek tekeer; ik bestierf het van angst dat er iets mis zou gaan. Ik bestelde een afhaalmaaltijd. Toen het eten arriveerde, vroeg ik de hulp naar beneden te gaan om het in ontvangst te nemen. Dat was voor mijn vriend het moment om stiekem via de keukendeur het huis binnen te komen en zich in de volle kleerkast op mijn kamer te verstoppen, terwijl ik zogenaamd een beetje rondhing in de huiskamer. Ik pakte de maaltijd, liet het gedeelte voor de hulp liggen en sloot me op in mijn kamer. Hij kwam (letterlijk) uit de kast, we aten en wachtten tot we het geronk van de hulp hoorden. Zodra ze haar buik vol had, viel ze altijd meteen in slaap. We slopen mijn kamer uit, heel zachtjes om haar niet wakker te maken, en gingen naar de slaapkamer van

mijn ouders. Uiteraard diende het te gebeuren in een tweeper-
soonsbed... De seks lukte niet erg, de eerste twee nachten (van de
vijf) dat we volgens dit plan te werk gingen. Pas op de derde
avond durfde ik het echt te doen. Het voelde totaal waardeloos,
omdat het gepland was. Heel mechanisch. Ik voelde hoe mijn
maagdenvlies scheurde en dat was het dan. Goed beschouwd
verloor ik alleen mijn maagdenvlies. Nee, dat mocht geen seks
heten. Het deed erg zeer, en ik mocht niet eens gillen of lawaai
maken. Het duurde nog een hele tijd voor ik aan het echte vrijen
toekwam.

Was het de moeite waard? Jawel. Ik stelde me voor dat als ik
helemaal iemands 'vrouw' werd, dat nog een extra reden voor
me zou zijn om eindelijk uit huis te gaan om met die man te gaan
samenwonen. Maar ik begreep dat ik daarvoor niet hoefde te
trouwen. En het moest er snel van komen.

Mijn borsten waren klein, in verhouding tot de rest van mijn
lichaam. Ik was er tevreden mee, maar het ging nu even niet
om mij. Dus hup, daar ging ik met mijn spaargeld, om mijn
borstjes te laten vergroten. Niet alleen werden mijn borsten
groter, er kwam ook een nieuw 'gerecht' op het menu van Bruna Surfistinha: oraal, vaginaal, anaal en... borstneuken! Als je
nog niet hebt geraden wat dit inhoudt, zal ik het vertellen. Ik
druk mijn borsten tegen elkaar en in die zachte gleuf maak ik
een soort kutje. Voor mij was het in het begin heel grappig,
want het leek alsof ik zag wat er bij het neuken gebeurt, alsof
ik in de vagina zat en de eikel van de penis zag komen en gaan,
vlak bij mijn mond. Met de beter geschapen klanten valt zelfs
een twee-in-één-behandeling binnen de mogelijkheden, waarbij je de eikel likt wanneer die dichtbij komt. Ik heb klanten
gehad die alleen zo konden klaarkomen.

46

Ik werkte al bijna een jaar als prostituee toen ik mijn eerste echtpaar (van een lange reeks) kreeg, in de Michigan. Tenminste, het eerste koppel. Ze waren allebei getrouwd – alleen niet met elkaar. Ze kwamen binnen en ik nam de vrouw nieuwsgierig op. Ik geef toe dat ik heel opgewonden raakte. Een ander meisje beffen terwijl de man dat met jou doet, is een onbeschrijflijke sensatie. Ik hoef dan niet eens moeite te doen om echt klaar te komen. Zij deed mij hetzelfde genoegen en likte me met veel smaak. Terwijl zij haar tong in mijn kutje had, verorberde ik zijn pik. Ik vond het heerlijk in het middelpunt van hun aandacht te staan. Terwijl hij me neukte, liggend, wijdde zij zich helemaal aan mij, ze likte mijn tepels en gleed met haar tong over mijn hele lichaam. We kusten, streelden en likten elkaar. Als ik er niet was geweest, had die arme man zich zelf mogen aftrekken. Ik kwam twee keer klaar.

Dat was onze eerste keer, en het verbaasde me dat zij veel meer in mij geïnteresseerd was dan in hem. Niets op tegen, maar het kwam me niet normaal voor. Als ik die jongen niet wat aandacht had gegeven, was het net geweest alsof hij er niet bij was. Ik kreeg in de gaten dat zij van hem walgde en terugdeinsde bij elke toenaderingspoging, elke aanraking, elke poging tot kussen of likken. Terwijl hij onder de douche stond, maakten wij samen een praatje. Ze waren al een tijdje minnaars, maar zij was geïnteresseerd in zijn geld en niet in het plezier van het minnaarschap. Haar echtgenoot kon haar niet half bieden wat haar minnaar haar gaf. Het nieuwste model auto, sieraden, enfin, de geschenken die je van een minnaar krijgt.

Ze konden elkaar maar eens per week gedurende twee uur zien. Om zich van de seks met hem af te maken, eiste ze nog een vrouw in bed. Ze had verzonnen dat ze dat lekker vond (maar leek er echt van te genieten), alleen maar om de tijd sneller om te krijgen tijdens hun ontmoetingen.

Die vrouw was beslist een uitzondering. Nadat het voor mij routine werd om met stellen uit te gaan en ik was ingewijd in de boeiende wereld van de swingerclubs, kwam ik tot een conclusie over de vrouwelijke ziel: vrouwen doen het graag met een andere vrouw. Dat smoesje over 'de fantasie van mijn man verwezenlijken' geldt maar voor een minderheid. Het is een handig voorwendsel. Vrouwen zijn verlegener, terughoudender, bang voor taboes. Natuurlijk zijn er stellen waarbij duidelijk is dat de man de dingen forceert en zijn vrouw dwingt om het met een andere vrouw te doen. Die vrouwen komen hier bang en benepen aan en weten niet wat ze moeten doen.

Eén voorval gaf me nogal een opgelaten gevoel: toen een vrouw voor mijn ogen in tranen uitbarstte uit jaloezie om haar man met mij te zien. Maar er zijn anderen die het zelfs aanmoedigen. Zij zweren erbij dat hun man er zo geen behoefte aan zal hebben om hen te bedriegen, omdat ze altijd samen zijn tijdens seksuele avontuurtjes. Ze moesten eens weten hoeveel van die mannen later in hun eentje terugkwamen... Om nog maar te zwijgen van degenen die al bij me waren geweest. Hoe vaak heb ik niet te horen gekregen: 'Als zij hier komt, doe je alsof je me nog nooit hebt gezien, oké?' Ik heb medelijden met die vrouwen; ze worden bedrogen en weten het niet eens. Of ze doen alsof ze het niet weten, niet begrijpen, weet ik veel. Ik voor mij zal nooit de illusie hebben dat ik bedrog kan vermijden door mijn man de vrijheid te geven. Er bestaat niet zoiets als totale bevrediging of zekerheid.

Grappig, voor ieder van die vrouwen zijn er zoveel redenen om hun bed en hun echtgenoot met een ander te delen: angst, genot, jaloezie, nieuwsgierigheid, onzekerheid, fantasie. Maar eigenlijk geloof ik dat alle vrouwen echt van vrouwen houden. Of mannen ook van mannen houden weet ik niet, want als ik er met twee tegelijk ben, zelfs bij orgieën met DP en al, heb ik nooit iets tussen hen zien gebeuren (jammer genoeg). Of ze het doen wanneer ze onder elkaar zijn, dat is weer een ander verhaal... Ik heb de intimiteit van seks al met veel mensen beleefd, mannen en vrouwen, en ik weet waarover ik het heb. Ik word nog een uitstekende psychologe, let op mijn woorden.

De geschiedenis met mijn vriendje de brommerkoerier, de leugens die ik opdiste om mijn zin maar te krijgen, mijn streken en mijn cijfers op school, dat alles droeg er enkel toe bij dat mijn relatie met mijn vader verzuurde. Hij probeerde er nog iets aan te doen: ik bleef zitten in het eerste jaar van de middelbare school en toen ik overging naar het tweede jaar, deed hij me op het São Luís-college in de hoop dat het in een nieuwe omgeving beter zou gaan. Het hielp niet: ik had nog steeds geen greintje zin om te leren.

Mijn vader en ik hadden vreselijke ruzies, maar hij had me nog nooit geslagen, hoewel ik daar wel heel bang voor was. Eigenlijk heb ik altijd gevonden dat ik het verdiende. Daarom zal ik het ware verhaal onthullen achter het eerste pak slaag van mijn vader. Ik heb dit nooit aan iemand verteld, uit diepe schaamte. Ik stal. Nee, ik ben geen professionele dievegge. Het begon toen ik een jaar of acht was en we in Araçoiaba woonden. Er was daar een groente- en fruitstalletje met een plastic pot vol snoepjes op de toonbank. Aangezien er maar één winkelbediende was, die het druk had met mijn moeder, was het heel gemakkelijk om stiekem snoepjes te pakken – en ze even stiekem op te eten. Ik wist dat ik het mijn moeder maar hoefde te vragen en ze zou er zoveel kopen als ik maar wilde. Maar het ging me om de adrenaline, de angst voor het verbodene en het risico gesnapt te worden.

Eén keer paste ik niet goed op en vroeg mijn moeder me waar ik die snoepjes vandaan had. Ik loog: 'Die heb ik op school gekregen.' Het duurde niet lang voordat ik andere aspecten van mijn oncontroleerbare hebzucht ontdekte: snoepjes waren niet voldoende en ik merkte dat ik dwangmatig werd aangetrokken door geld. Het is echt zo: het verlangen naar geld heeft me altijd beheerst.

Stel je voor: op mijn achtste stal ik al geld van mijn ouders! Omdat mijn vader bijna niet naar buiten kon vanwege zijn ziekte, was er altijd geld in huis. In die tijd was de real er nog niet. Ik had geen flauw idee van de waarde van geld, maar ik wist al wel dat vragen (en het dan zeker krijgen) minder opwindend was dan pikken. Ik begon ermee af en toe een paar biljetten van het rolletje geld af te halen dat hij altijd weglegde. Dan ging ik ermee naar een winkel en vroeg de verkoopster wat ik ervoor kon kopen. Toch bleef ik op andere plekken ook dingen wegnemen. Vooral snoep.

We hadden een chauffeur, uitsluitend om mij naar mijn school in Sorocaba te brengen en op te halen, want mijn vader kon me niet brengen en mijn moeder reed niet graag zo ver. Onderweg vroeg ik hem altijd te stoppen bij de Real, een heerlijke bakkerij in de stad, met het smoesje dat mijn moeder me had gevraagd om daar iets te kopen. Ik had geld in mijn portemonnee en het was niet eens dat ik zo'n trek in snoep of chocola had. Ik deed dat lange tijd, tot op een dag...

Ik weet niet waarom, maar die dag besloot mijn moeder me naar school te brengen. Ze stopte bij die bakkerij om daar iets te gaan kopen. Toen ze terugkwam, vertelde ze een heel raar verhaal: ze had gezien hoe een meisje door de bewaker hardhandig uit de winkel werd meegenomen naar het kantoortje. En ze zei dat het meisje door de beveiligingscamera's was betrapt bij het stelen van dingen uit de bakkerij. Ik had er geen idee van dat er zoiets in winkels bestond. Tot de dag van vandaag weet ik niet of ze ergens van wist (waarschijnlijk wel, aangezien iedereen daar mijn moeder kende en ze haar moeten hebben gewaarschuwd) en me op deze manier wilde laten schrikken, of dat het een waargebeurd verhaal was. Ik weet alleen dat ik ermee ophield buitenshuis te stelen. Maar alleen buitenshuis. Binnen was het nog steeds prijs.

Zelfs na onze terugkeer in São Paulo pikte ik elke dag minstens vijftig real. Waar het mij om ging, was het gevoel dat ik iets deed wat niet mocht; ik kreeg immers zakgeld, en als ik meer nodig had, hoefde ik er maar om te vragen. Ik raakte er zo aan verslaafd dat ik geen dag voorbij liet gaan zonder geld te pikken. Twee keer betrapte mijn moeder me, en haar vergiffenis (in tranen en met oprechte schaamte afgesmeekt) leek me het groene licht te geven om door te gaan. Ze merkte zelfs, waar ik bij was, tegen mijn vader op dat er geld uit haar portemonnee verdween – ik denk in de hoop dat ik wijzer zou worden en ermee zou ophouden. IJdele hoop...

Ik begon ook op school te stelen. Tien real hier, tien real daar, niets groots. Niemand nam meer mee naar de les. Ik wachtte tot iedereen in de pauze de klas uit was en ging dan het lokaal weer in om de tassen te doorzoeken. Tot een meisje uit mijn klas op een dag dertig real op haar tafeltje liet liggen en ik er zonder ook maar met mijn ogen te knipperen naartoe liep en het pakte. Iemand zag me tijdens de pauze het lokaal weer ingaan en verklikte me. Ik werd linea recta naar de directiekamer gestuurd... Toen de directrice het me vroeg, probeerde ik niet te liegen en gaf meteen toe: 'Ik heb het inderdaad gedaan.' Ze vroeg of ik drugs gebruikte. Het zou onzin zijn om dat te bekennen, want ik gaf niet alles wat ik pikte aan wiet uit. Ik besloot te liegen. Mijn straf bestond uit het teruggeven van het geld. Maar raad eens? Ik pikte het thuis. Einde verhaal, maar niet heus. Er bleef natuurlijk geld verdwijnen op school... maar die keren werd ik er ten onrechte op aangekeken.

Ik dacht echt dat het weer goed zou komen nadat ik het geld had teruggegeven. Maar de directrice besloot mijn moeder erbij te halen en haar alles te vertellen. Ze was er kapot van, ze was heel kwaad op me en we schreeuwden tegen elkaar en zo. Maar op dat punt kon ik al niet meer stoppen, hoe graag ik ook wilde. Ik moest elke keer meer pikken. Alles ter wille van mijn andere verslaving: kooplust. Ik kocht enkel prullen, maar voelde een waanzinnige drang om te blijven kopen. En daar was steeds meer geld voor nodig.

De boel liep zo uit de hand dat ik zelfs niet van de dollars kon afblijven die mijn zus opzij had gelegd (overgebleven van een reis naar de VS). Voordat ze naar Amerika terugging om te trouwen, besloot ze haar appartement op te knappen, en met het oog op de werklieden legde ze het geld bij ons thuis. Ik nam af en toe een dollarbiljet weg en voor ik er erg in had, had ik alles gestolen. En daar hield het niet mee op. Ik begon mijn boeken aan tweedehandsboekwinkeltjes te verkopen, tot ze allemaal op waren. Toen begon ik aan de andere boeken in huis. Ho, stop! Ik beloofde mezelf het niet meer te doen. Als ik iets beloof, dan houd ik me daaraan. Maar deze keer werkte het niet.

Toen er op een dag niemand thuis was, begon ik in de laden te snuffelen op zoek naar geld. Ik kwam een recorder tegen en een heleboel van die kleine cassettebandjes. Ik zette ze op en ontdekte dat al mijn telefoongesprekken waren opgenomen. Nou had ik weliswaar een heleboel rotzooi uitgehaald, maar dit was wel een vergaande inbreuk op mijn privacy.

Begin 2002 dacht ik: als ik genoeg geld pik en alles kan kopen wat ik wil, dan houd ik daarna op. Ik herinnerde me een sieradenset van Vivara die mijn vader het jaar daarvoor aan mijn moeder had gegeven ter gelegenheid van hun huwelijksdag en die ze nooit had gedragen. Ik probeerde de ring apart te verkopen, maar niemand wilde me er meer voor geven dan vijftig real, al zat er een heel aparte steen in. Ik zag tijdelijk van mijn plan af, tot ik in een opwelling besloot de cassette met het hele setje te verkopen. Ik wist dat er aan de Oscar Freire-straat een plek was waar ze sieraden kochten en goed betaalden. Voor schooltijd stopte ik dus alles in mijn rugzak. Ik was al vergeten dat de doos erin zat toen een vriendin me ergens om vroeg en ik zei dat ze het uit mijn tas mocht pakken. Aiaiai! De les werd onderbroken en zelfs de lerares kwam kijken wat er aan de hand was, zo'n ophef maakte het mens. De lerares vroeg me waarom ik dat ding bij me had en ik kwam met het zoveelste leugentje: het was een cadeau van mijn vriend dat ik aan een vriendin wilde lenen voor een feestje.

Na de les ging ik naar die winkel aan de Oscar Freire. De man zag wat de sieraden waard waren, maar zei dat hij er niet meer voor kon geven dan vijfhonderd real. Dat sloeg ik uiteraard af. Ik nam de cassette weer mee naar huis en legde hem terug in de kast. Maar het vooruitzicht van vijfhonderd real was heel verleidelijk. Het was veel geld voor een meisje van zeventien. Ik dacht aan alle dingen die ik met dat geld zou kunnen kopen en zwichtte voor de verleiding. Mijn moeder, die de sieraden nooit had gedragen, zou niet eens merken dat ze weg waren. De volgende dag sloot ik de deal. Ik nam een taxi naar huis en kreeg op hetzelfde moment spijt. Ik vroeg de chauffeur rechtsomkeert te maken en terug te gaan naar de winkel. Maar raad eens wat de man er nu voor vroeg? 2500 real! Waar moest ik dat vandaan halen? Ik droop af. Gedane zaken nemen geen keer.

In mei wilde mijn moeder die sieraden dragen naar een brui-loft. Maar natuurlijk vond ze ze niet. Ze vroeg me of ik ze soms had gezien – dus ik loog, uiteraard. Ze haalde het hele huis over-hoop om die stomme sieraden te vinden en deed ten slotte ande-re om. Dat was een hele opluchting – voor even. De volgende dag, een zaterdag, haalde ze het hele huis ondersteboven. Ik zweer je dat ik zin had naar haar toe te gaan en alles op te biech-ten, maar ik wist niet hoe. 'De hulp moet het hebben gedaan,' be-sloot mijn moeder. Ik voelde me ontzettend schuldig, want de hulp werkte al bijna twintig jaar bij ons en ik vond het niet eerlijk dat zij de schuld kreeg. Maar ik hield me stil.

De volgende dag kwam mijn moeder thuis met de mededeling dat ze op school was geweest en dat de directrice haar had ver-teld dat ik me vreemd gedroeg en mijn vriendinnen cadeautjes gaf (ik was me van mijn stickercollectie en mijn verzameling brief-papier aan het ontdoen, dat was alles). Toen kwam de aap uit de mouw: ze had gehoord van de sieraden die tijdens de les waren ontdekt. 'Als jij de dader bent, wil ik de sieraden terug,' zei ze, in de veronderstelling dat ik ze nog had. Ik wist me geen raad en biechtte alles op, inclusief de verkoop. Ze wilde weten hoeveel ik ervoor had gekregen, maar dat zei ik haar niet. Er volgde een af-schuwelijke scène, hoewel mijn moeder beloofde dat ze het niet aan mijn vader zou vertellen, uit angst dat hij erin zou blijven – want waarschijnlijk was het cadeau nog niet eens afbetaald – of me zou slaan.

Het duurde niet lang voor hij thuiskwam en ik mijn moeder met die vreselijke uitdrukking op haar gezicht zag die ze alleen heeft als ze kwaad is. Ze zei alleen: 'Ik kon er niet meer tegen, ik heb je vader alles verteld.' Daarop zag ik hem door de huiskamer op me af komen. Zonder iets te zeggen begon hij me te slaan, te slaan en nog eens te slaan. Met zijn vuist, met zijn volle hand, op alle mogelijke manieren. Hoe het gebeurde weet ik niet, maar er kwamen allerlei mensen bij ons binnen: mijn zussen, hun vrienden, mijn zwager. Het werd een onsmakelijke vertoning. Mijn vader sleurde me naar de bank en bleef maar slaan. Toen hij was uitgeslagen, smeekte ik hem om door te gaan. Zelfmoord plegen was me niet gelukt, dus dit was mijn kans: 'Maak me in één klap dood. Maak me maar dood', en hij zei: 'Ik sla je dood, echt waar.'

Ik besloot de confrontatie aan te gaan. Niet één traan vergoot ik. Ik wilde laten zien hoe sterk ik was, al deed het nog zo'n pijn. Mijn vader zei dat hij met een paar bevriende rechters had gesproken en dat ik regelrecht naar de Febem, de jeugdgevangenis, zou gaan. Ik kreeg slaag tot het moment waarop mijn ouders weggingen om aangifte tegen me te doen. Ik werd bewaakt door mijn zussen, die het me uiteraard zeer kwalijk namen. Ze 'herinnerden' me eraan dat ik uit liefdadigheid was geadopteerd en dat ik alles had gekregen wat zij nooit hadden gehad, want mijn ouders waren niet altijd rijk geweest. Maar ik verzette me tegen iedereen, ik weet niet eens waarom. Toen mijn vader thuiskwam, ging hij door met slaan tot hij het zat was. Ik ging naar mijn kamer en liet me met kleren en al op bed vallen, zonder eerst te douchen. Hij kwam de kamer in, gaf me een klap in mijn gezicht en zei: 'Hier, nog een.' Zo ging het drie dagen door, en toen hield hij op met slaan. Ik werd nooit meer alleen gelaten. Er was altijd iemand om me in de gaten te houden: thuis, op straat, onderweg naar school. 's Avonds deden ze voor het slapengaan beide deuren van het appartement op slot. Overdag sloten ze de deur van de werkkamer en hun slaapkamer af uit angst dat ik weer iets zou stelen.

Een week later kwam mijn vader naar me toe en zei: 'Vandaag word je voorgeleid.' Oké, als hij me dan niet doodsloeg, was het maar beter dat ik naar de jeugdgevangenis ging. Mijn moeder en hij namen een taxi. Ik kreeg een metrokaartje en een routebeschrijving. Halverwege dacht ik erover te vluchten, maar ik was bang en besloot de rechter onder ogen te komen. Daar aangekomen moesten we in een zaaltje plaatsnemen met veel moeders van kinderen die gevangenzaten, want het was de dag waarop in de zitting werd besloten wie er zou vrijkomen. Op het moment waarop die rij kinderen hand in hand binnenkwam, met neergeslagen ogen omdat ze niet mochten opkijken, begonnen velen van hen te huilen bij het zien van hun kinderen. 'Kies je gevangenisvriendje maar vast uit,' zei mijn vader. Ik wist het niet zeker, maar ik dacht dat meisjes en jongens in de inrichting werden gescheiden. Hij zei dat meer om me te kwetsen. Om me nog meer te kwetsen. Mijn moeder huilde alleen maar; ze zei niets.

We werden binnengeroepen bij de rechter (gelukkig was het een vrouw). De angst sloeg me om het hart. Eerst kwam mijn vader aan het woord. Vervolgens mijn moeder, die bevestigde dat ik heel opstandig was en problemen veroorzaakte, en zei dat ze niet meer wisten wat ze met me moesten beginnen en in me teleurgesteld waren. Ik loog op mijn beurt dat alles door de marihuana kwam. Voor een deel klopte dat wel, maar niet helemaal. Ik zei dat ik spijt had, maar eigenlijk maakte het me niets uit of ik naar de jeugdgevangenis zou gaan of naar huis.

Toen de rechter het woord nam, hoorde ik haar preek aan. 'Ik ken je familie, ik heb gesprekken gehad met je zus, ik weet dat het goede mensen zijn. Als ik jou was, zou ik dat meer waarderen. Je hebt op goede scholen gezeten, wat je gedaan hebt, was verkeerd. Omdat je zegt dat het probleem door de marihuana komt, zal ik niets met je doen. Ik zal je een lijst met afkickklinieken geven, zodat je van de drugs af kunt komen. Het proces dat je vader heeft aangespannen, eindigt hier bij mij en verdwijnt in het archief, want ik weet zeker dat dit een puberteitskwestie is die kan en zal veranderen. Jij hebt gestudeerd en ik zal je niet tussen de anderen zetten die de kansen die jij in je leven hebt gehad, nooit hebben gehad en ook wel nooit zullen krijgen. Jij hebt de kans je leven te beteren. Misschien hebben je ouders je die kans niet gegeven, maar ik ga dat wel doen, zodat je kunt laten zien dat je bent veranderd.' En dat was het dan...

Uiteindelijk ging ik helemaal niet naar een kliniek, want mijn vader bezwoer dat hij nooit meer een cent aan me zou uitgeven – en het waren allemaal dure privéklinieken. Ik zag hem nog wel eens een blik op de lijst werpen, maar het onderwerp kwam nooit ter sprake. Zijn belofte dat de geldkraan dicht bleef, werd rigoureus nageleefd. Ik werd van de São Luís-school overgeschreven naar de Brasílio Machado, een staatscollege. Mijn maandgeld werd ingehouden en ik moest van de sportschool af. Ik kreeg alleen kaartjes voor het openbaar vervoer naar school. Dus ging ik te voet van Paraíso naar Vila Mariana en verkocht de kaartjes voor tien real per week. Niet veel, maar het was iets: ik kon er tenminste sigaretten van kopen. Uitgaan? Geen sprake van... Op die school leerde ik veel goede mensen kennen, maar ook velen die van het rechte pad waren afgeweken en stalen om aan geld te komen, ook al waren ze niet bepaald arm... Bijna had ik me bij hen aangesloten, maar ik wist me eraan te onttrekken..

Er was een Japanner die achter een meisje van Michigan aan zat. Maar uiteindelijk kwam hij bij mij uit, omdat hij van haar de kous op de kop had gekregen.

'Ik heb een fantasie.'

'Wat dan?'

'Ik vind het heerlijk om hoertjes te scheren.'

'Maar ik heb al bijna niks...'

'Geeft niet: ik wil alles afscheren en je kutje kaal maken.'

Mijn 'Japanse barbier' haalde een scheermesje en scheercrème uit zijn tas en schoor beetje bij beetje het weinige haar weg dat ik had. Helemaal kaal werd ik. Een nieuw en opwindend gevoel. Ik probeerde op de normale voet verder te gaan, maar de fantasiesessie was nog niet afgelopen: hij wilde foto's maken. Ik liet hem zijn gang gaan. Pas toen hij er een heleboel had genomen, begon hij me te beffen. De wet van de jungle luidt: wat je doodt moet je opeten. In mijn geval: wie je hebt geschoren, moet je likken. Pas na dit ritueel deden we het, heel rustig aan. Ondanks zijn fetisj werd het een doorsnee missionarisbeurt.

In dit vak kom je in aanraking met een meer waarachtige en minder hypocriete kant van mensen. Ze verbergen hun geheimste verlangens niet voor je en geven lucht aan afwijkingen die ze niemand anders zouden bekennen, al werden ze gemarteld. Bij een callgirl hoeft niemand zich anders voor te doen dan hij is. Ze komen bij me om hun fantasieën uit te leven. We zijn soms net therapeuten. Mijn oordeel over wat normaal is, is sterk veranderd sinds ik van de seks leef. Toch doen zich soms onvergetelijke situaties voor.

Tijdens mijn werk in privéclubs kwam ik erachter dat er veel getrouwde mannen zijn, echt heel veel, in het algemeen tussen de 35 en 45 jaar, die willen dat je de 'actieve' rol speelt.

'Heb je ook speeltjes?' vragen ze aan de telefoon.

'Ja hoor, een heleboel.'

'Wat voor speeltjes heb je?'

'Van alles. Zeg maar waar je mee wilt spelen.'

'Heb je een vibrator?'

Geloof me, dit is een heel gebruikelijke benadering. En zo werd ik vaste klant bij de seksshop. Dat is een reuze grappige, zij het perverse wereld. Je hebt er allerlei 'speeltjes', zalfjes, crèmes, kleren, kostuums, parfums, lingerie. En condooms (die ik koop om ze aan mijn klanten te geven), en bovendien een heleboel mensen die hun schaamte hebben overwonnen en met neutrale gezichten de winkel inkomen op zoek naar opwinding. Er staan een paar enorme vibrators uitgestald, rubber k...tjes, opblaaspoppen. In een van die seksshops zag ik een kerel die zo'n pop kocht en ik dacht meteen: als een vriendje of mijn man me ooit vertelt dat hij het weleens met zo'n ding heeft gedaan, is het uit.

Tegenwoordig kom ik vaak in een heel leuke seksshop hier in Moema, waar alleen vrouwen worden toegelaten. Je voelt je meer op je gemak zonder glurende mannen die nieuwsgierig zijn naar wat vrouwen zoal kopen. En ze hebben leuke dingetjes: een drinkrietje en een besteksetje in de vorm van een penis, die ik voor mezelf heb gekocht. Soms ga ik alleen maar om te kijken wat ze voor nieuws hebben. Oeps, ik dwaal bijna af.

Terug naar ons onderwerp: wat die mannen dus willen is dat ik voor 'Bruno' speel en een vrij grote vibrator in hun kont stop, ze echt neuk. Ik doe veel nummertjes waarbij ik een dildo moet aangespen en er zonder pardon op los ga. Ik wil niet opscheppen, maar volgens mij ben ik er erg goed in. Er zijn kerels van wie je, als je ze op straat tegenkwam, zou denken dat het heel gewone huisvaders zijn. Maar ik heb niet alleen mannen van het vaderlijke type geneukt, ik heb ook heel wat sportschooltypes onder handen gehad die de macho uithangen, iets tegen homoseksuelen hebben maar die diep vanbinnen, als het erop aankomt, dolgraag op handen en knieën zitten en gedomineerd worden. Ik denk dat ze niet de moed hebben om een man te zoeken en zich minder nichterig voelen als het een vrouw is die het met ze doet. Uiteindelijk worden dat soort dingen allemaal 'normaal'.

Net zo normaal als het is om hem niet omhoog te krijgen. Alleen weten mannen dat niet... Op een dag kwam er een heel lange, jonge jongen bij me. Hij was dodelijk verlegen. Ik sloeg mijn armen om hem heen en kwam, klein als ik ben, met mijn oor tegen zijn hart. Het klopte als een razende. Hij was niet alleen verlegen, maar echt doodsbang. We praatten niet veel, maar ik kan je wel zeggen dat het een 'exotisch' nummertje was. Hij begon aan mijn borsten te likken en ik voelde iets anders dan anders. Hij likte niet: hij zoog! En zo bleef hij lange tijd zitten. Toen hij losliet, kneep ik heimelijk even in mijn tepels om te kijken of er geen melk uit kwam. Grapje...

Na deze borstvoeding was het mijn beurt om hem te pijpen. Ik geloof dat hij in geen tijden met zichzelf had gespeeld, want hij kwam intens en overvloedig klaar. Ik ging naar de badkamer om me schoon te maken en toen ik terugkwam, pakte hij meteen mijn hand en bracht die naar zijn slappe piemel. Wauw! Hij wilde niet eens de gebruikelijke adempauze! Ik nam hem weer in mijn mond. En ja hoor, een halfuur later was ik nog bezig. Er is niets ergers dan een slappe pik pijpen. En hij kreeg hem maar steeds niet omhoog. Hij had nog geluk dat ik al het speeksel dat ik die dag verspilde niet in rekening bracht. Hij begon boos te worden en zijn piemel uit te foeteren, te mopperen alsof hij met 'hem' in gesprek was. Hij voelde zich opgelaten omdat hij hem voor de tweede ronde niet omhoog kreeg. Geen wonder: ik heb nog nooit meegemaakt dat iemand twee keer achter elkaar door kon gaan. Uiteindelijk trok hij zich terug in de badkamer om zelf het heft in handen te nemen en te kijken of het zaakje nog omhoog wilde komen. Hoe ik dat weet? Op de slaapkamerdeur zag ik zijn heen en weer gaande schaduw. Dit is nu een typisch voorbeeld van een probleem in het bóvenste koppie.

Een periode met twee verschillende vonnissen. Dat was het resultaat van de ruzie met mijn vader. Ik moest daar weg van, mijn eigen leven gaan leiden, voordat hij zou beslissen óf en hoe ik het zou moeten leiden. In dat huis met die afgesloten deuren was ik net een menselijk proefkonijn. Eerst die afgesloten deuren, daarna de opnamen van mijn telefoongesprekken en nu volslagen stilte: niemand praatte nog met me. Ik had enkel nog mijn katje dat me een beetje gezelschap hield. Moet je net mij hebben: ik vind het vreselijk om alleen te zijn.

Toevallig hoorde ik mijn ouders op een avond praten over het feit dat ze me ergens heen wilden sturen, zonder te zeggen wat voor plaats dat was. Ik wist niet wat ik ervan moest denken. Ik voelde me weer een klein meisje, alleen, roerloos en bang op haar donkere kamertje, zoals altijd (en nog steeds) als de dood dat er een monster onder haar bed zit. In mijn geval sliep dat monster in de aangrenzende kamer – en zijn boosaardigheid leek wel een loodzwaar geheim. Ik was weliswaar aan de gevangenis ontkomen, maar wat was hij van plan? Het was de zwartste nacht van mijn leven.

Op een dag in juli kondigde mijn moeder plotseling aan dat ik de volgende dag naar Guarujá zou gaan. Wie stuurt haar dochter, nadat ze het zo bont heeft gemaakt, op een plezierreisje naar het strand? En omdat mijn moeder zo stil was, begreep ik wel dat het geen teken van berouw was: ze hadden echt een plan verzonnen en wilden me ver uit hun buurt hebben.

Kun je geloven dat mijn vader me slechts vijftig real meegaf voor twee weken? Ik zou weliswaar in het huis van een vriendin logeren, maar met dat geld zou ik uiteraard nog geen dag toe kunnen. En dat kon ik ook niet. Hoewel ik geen geld meer wilde pikken en zelfs niet lenen, ging er een idee door mijn hoofd: seks hebben voor geld. Ik weet niet waar ik dat vandaan haalde, maar dat was mijn plan. Op een avond ging ik er in mijn eentje op uit om over het trottoir te slenteren en te flirten met mannen die alleen waren. Als er een op me af zou komen, zou ik zeggen dat ik prostituee was en dat hij moest betalen om seks met me te hebben. Verschillende mannen stopten en sommigen kwamen zelfs naar me toe. Maar ik durfde niets te zeggen. Het was niet iets wat ik wilde of kon. Ik wist niet hoe ik mijn lichaam moest verkopen. Ik liet het idee varen en vroeg geld te leen aan een kennis die een oogje op me had. Hij gaf me honderdvijftig real. 'Geef het maar terug zodra je kunt.' Ik heb hem nooit meer gezien...

Toen ik thuiskwam van dat reisje voelde ik me echt gelukkig; zo had ik me al een hele tijd niet meer gevoeld. Waarom weet ik niet, maar mijn ouders draaiden zich niet eens om toen ik 'Hallo!' riep. Mijn moeder heeft nooit meer tegen me gesproken. Het zou me niets kunnen schelen als mijn vader me nooit meer zou aankijken. Maar nooit meer de vertrouwde stem van mijn moeder 'meisje' te horen zeggen, is voor mij misschien de dichtste benadering van de eenzaamheid van de dood. Nooit meer wilde ik dat voelen. Nooit meer.

De loodzware, onbehaaglijke stilte hield dagen aan. Wat ze ook met me van plan waren, me naar een internaat sturen, de voogdij opheffen om me het huis uit te kunnen zetten of zoiets – ik ging er niet op zitten wachten. Mijn tijd was bijna om. Ik begon kranten te kopen, enkel om de personeelsadvertenties te kunnen lezen. Ik zag dat mijn onervarenheid een onoverkomelijk obstakel zou vormen. Alle wegen leidden naar het enige wat een meisje als ik zou kunnen doen. En zo begon mijn tocht langs de clubs die in de kranten adverteerden, op zoek naar meisjes tussen de 18 en 25 jaar, om die zogenaamde 'duizend real per week' te verdienen.

Ik bezocht massagehuizen, privéclubs en zelfs nachtclubs. Op

8 oktober 2002, twintig dagen voor mijn achttiende verjaardag, raapte ik de moed bijeen en vertelde mijn vader dat ik het huis uit ging om te gaan werken. Hij herhaalde nog eens dat hij me niets meer zou geven als ik wegging, en vroeg hoe ik dacht te overleven. In mijn naïviteit, maar ook vastbesloten hem het hoofd te bieden, zei ik dat ik masseuse voor zakenlieden zou worden. Ik nam dat zelf letterlijk, want in de advertentie stond 'massage'. Een meisje uit een club waar ik was geweest, had gezegd dat massage alleen een bedrag x opleverde; als de klant seks wilde, zou hij het betreffende meisje daar extra voor betalen. En ik zou me tot de massage beperken. Mijn vader werd natuurlijk razend. Ik was voorbereid op een nieuw pak slaag.

Maar in plaats van zijn harde hand kwam daar zijn verwarde, onzekere stem. Hij begon tegen me te praten. Opgefokt, ja. Kwaad, ja. Maar hij probeerde met me te praten. Het was te laat om een gesprek aan te gaan. Hij had er totaal geen handigheid in. In mijn argeloosheid, mijn naïviteit, hield ik vol: 'Maar pap, het is alleen maar massage, geen seks. Ik ga geen seks met ze hebben, ik ga ze alleen masseren.' Alles wat hij zijn hele leven niet tegen me had gezegd, en vooral niet sinds de 'zwijggelofte' in ons huis van kracht was, braakte hij er die avond uit. Wat hij wilde, echt wilde, was me afbrengen van mijn plan om weg te gaan. Ik hoorde alles zwijgend aan. Mijn zwijgen hitste hem op. 'Hoer... Uitschot... Vuile slet...' De zinnen volgden elkaar op, alsof hij niet eens hoefde ademhalen. Verslagen beëindigde hij het gesprek met bijna een terdoodveroordeling (of misschien wens): 'Alle hoeren hebben aids. Het is diep treurig, maar jij gaat in je eentje als aidspatiënt sterven in het Emílio Ribas-ziekenhuis.' Goed: als ik om vrij te zijn hoer moest worden, dan zou ik dat doen. En als het mijn dood zou worden, dan moest dat maar.

Ik had al met heel wat mannen seks gehad. Sommigen kon ik me niet eens herinneren. Maar er waren zeker ook onvergetelijke bij. Zoals die man met een enorme behoefte aan liefde die op een dag bij me kwam. Hij had duidelijk een minderwaardigheidscomplex. Triest. Op een gegeven moment begon hij, zoals iemand die afwezig is en in zichzelf praat, mee te zingen met het nummer dat draaide. Ik moet je bekennen dat die aanblik me iets deed. Ziedaar een man op zoek naar een veilige haven. Maar dat was niet de enige reden waarom hij me is bijgebleven. Toen ik zijn naakte lichaam zag, schrok ik. Ten eerste omdat de man extreem mager was. En ten tweede omdat hij een gigantische pik had! Volgens mij de grootste die ik ooit heb gezien. Het werd een vreselijk uur, want ik maakte me zorgen over wat hij voelde. Hij had hulp nodig en ik wist niet wat ik moest doen... Daarbij kon ik hem niet fatsoenlijk pijpen. Hij was zo groot dat bij wijze van spreken alleen de eikel in mijn mond paste. Het omdoen van het condoom was dus een zware bevalling. Het zat hem veel te strak, waardoor zijn pik verslapte. Toch lukte het ons om een beetje te neuken. Dat was een van de weinige keren dat ik een penis tegen mijn baarmoeder aan voelde komen. Een nieuwe sensatie, toch. Hij kwam klaar door zich boven mijn borsten af te trekken, vergoot een liter sperma en vertrok. Ik bleef achter met het vreemde gevoel dat ik het afgelopen uur iets niet goed had gedaan. Maar wat? Misschien had ik iets moeten zeggen. Weet ik veel, waarschijnlijk beeld ik het me maar in. Maar ik weet goed hoe het is om ongelukkig te zijn...

In december 2003 had ik al een pc voor mezelf gekocht, als een soort compensatie voor de eenzame momenten. Ik ben altijd gek geweest op surfen op het internet en had de weblografie ontdekt. Iedereen schreef zijn eigen blog en dat leek me wel leuk en interessant. Nieuwsgierig aagje als ik ben, ging ik via Google op zoek naar blogs van prostituees, gewoon om te kijken hoe het dagelijks leven van andere meisjes zoals ik eruitzag, om het te vergelijken. Op het internet heb je van alles, nietwaar? Maar tot mijn verbazing vond ik niets. Ik gaf een nieuwe zoekopdracht met alle hulpmiddelen die het net te bieden heeft. Nada!

Ik woonde alleen, iets waar ik een hekel aan heb. Ik ben bang, weet ik veel. Nu had ik een echt toffe meid leren kennen, Gabi, die in hetzelfde appartementengebouw als ik woonde en nu mijn beste vriendin is. Op een avond dat ik erg down was, belde ik haar met de interne telefoon om haar bij me thuis uit te nodigen, maar ze kon niet. Ik werd bijna gek. Toen besloot ik alles wat ik haar die avond had willen vertellen, in mijn blog te schrijven. Dan zou iemand het toch lezen. Misschien wel mijn familie? Wat ik eigenlijk wilde, was iemand die me in veiligheid zou brengen, me zou redden. Van mijn leven, mijn geschiedenis. Van mezelf.

Om uit die neerslachtige stemming te komen, schreef ik in mijn blog een nogal heftige ontboezeming over al die dingen. Ik voelde me zwaar depri. In het kort beschreef ik mijn leven en vertelde dat hoer zijn niets was en dat ik, als ik terug kon gaan in de tijd, nooit deze weg zou hebben gekozen. En dat in de weblog van een prostituee... De volgende dag, toen ik me alweer een beetje beter voelde, besloot ik alles te wissen. Anders zouden de mensen nog denken dat ik behalve hoer, ook nog gek was. Ik geloof dat het allemaal door de naderende kersttijd kwam. Ik moest voortdurend aan mijn moeder, aan mijn ouderlijk huis, denken. Mijn enthousiasme voor de blog was een beetje bekoeld en ik liet het voor wat het was.

Op 1 januari 2004 dacht ik: ik ga weer eens aan mijn blog beginnen. Omdat het een soort dagboek was, leek het logisch op die dag te beginnen. Dus besloot ik iets over mijn dagelijkse routine te vertellen in plaats van mijn hart te luchten. Zo kon ik tegelijkertijd in een andere vorm alles bijhouden wat ik in mijn agenda noteerde, met name de details van iedere klant. Ik heb altijd het idee gehad om zodra ik uit 'het leven' stapte een gedetailleerde statistiek op te stellen. Om een indruk te geven: ik weet honderd procent zeker dat zeventig procent van mijn klanten getrouwd is. Ik vraag altijd naar de reden van hun overspel, in aanmerking genomen dat ze betalen voor seks. Er zijn maar twee soorten antwoorden: ze hebben genoeg van seks met hun vrouw, of hun vrouw is niet zo ruimdenkend dat ze al hun fantasieën bij haar kwijt kunnen... Slechts twintig procent is overtuigd vrijgezel en heeft geen tijd of zin om uit te gaan (of slaagt er niet in iemand te versieren), en de overgebleven tien procent is verloofd of heeft verkering.

Ik heb nooit gedacht dat dit iemand zou interesseren, maar voor mezelf zou het leuk zijn. Stel je voor, de verschillende nummertjes te kunnen classificeren en te vertellen hoe ze waren. Zo kwam ik op de 'dagkoersen':

– **Mechanisch nummer:** puur werktuiglijk, zonder chemie, als ik moe of ongeduldig ben. Ik kíjk de tijd om; ik doe alles tegen heug en meug, al zet ik mijn beste beentje voor om de klant snel te laten klaarkomen, zodat hij gauw weer weggaat. Soms zucht ik zelfs hartgrondig. 'Zullen we een ander standje doen?' stelt de klant voor. En ik antwoord: 'Hmmpff,' zonder een greintje zin – ik kan moeilijk gaan vloeken. Zelfs kreunen is me te veel moeite.

– **Verliefd:** als er chemie is, alsof we echt een verliefd stelletje zijn, zo'n sfeertje als wanneer je het voor het eerst met iemand doet, in een motel, met veel kussen en omhelzingen, vol genegenheid. Voorzichtige seks, vadertje en moedertje spelen (ja-wel, de missionarishouding).

– **Hoerig:** in een hoerig sfeertje, moet ik het nader toelichten? Ik voel me een echte hoer, ik bedrijf seks met plezier, hoe moet ik het uitleggen... Tijdens een verliefd nummertje ben ik weliswaar enthousiast, maar ik zie mezelf niet als hoer. Hier wel.

In die tijd stond mijn blog op de website van Terra. Op een avond wilde ik er iets op zetten, ik typte het paswoord in en er verscheen een bericht dat het niet klopte. Het was vrijdag, dus ik moest tot de maandag wachten voordat ik het kon oplossen.

Op zondag probeerde ik het opnieuw en zag tot mijn verbazing dat er een nieuw bericht op stond en, erger nog, dat het niet was wat ik had geschreven! Dus kwam ik tot de conclusie dat iemand mijn computer had gehackt en mijn paswoord had gestolen... Ik huilde van woede! Op maandag belde ik Terra en slaagde erin de verantwoordelijke voor de weblogs aan de lijn te krijgen. Ik legde uit wat er was gebeurd en na een week slaagden ze erin mijn paswoord terug te halen. En al die tijd bleef die persoon onder mijn naam berichten plaatsen.

Ik was bang dat de onbekende iets zou schrijven wat me zou compromitteren, maar dat gebeurde niet. Hij of zij imiteerde me alleen maar heel goed, zo goed dat ik bij sommige berichten dacht dat ik ze zelf had geschreven.

Ik kreeg mijn paswoord terug, wiste alles wat ik niet had geschreven en legde de lezers uit wat er was gebeurd. Nog geen maand later werd mijn paswoord opnieuw gestolen. Ditmaal was het erger, want niet alleen gaf de dief zich voor mij uit, hij zette er ook documenten op die hij uit het Word-programma van mijn pc had gejat. Dat waren zeer compromitterende documenten; enkele hoofdstukken van mijn boek waren gekopieerd en in mijn blog gezet.

Deze keer huilde ik nog harder en ik kon er nachtenlang niet van slapen, ik lag maar te malen over de vraag wie het had gedaan en waarom. Opnieuw wist ik mijn paswoord terug te krijgen, maar ik stopte met mijn blog. Totdat een vriend van me, die in de informatica zit, me voorstelde om mijn eigen website te openen, waarop ik mijn blog zou kunnen voortzetten en ook mijn foto's zou kunnen plaatsen.

Met deze site begon ik succes te krijgen. Dé foto's maakten me geloofwaardig voor de mensen die dachten dat de blog niet van een echte prostituee was. Ik ontving verschillende e-mails van mensen die aan mijn bestaan twijfelden. Ook waren er velen die dachten dat er een man achter zat die het allemaal verzon.

Door de elektronische adreswijziging kreeg mijn blog serieuze aandacht. Ook al omdat velen hadden gedacht – en nog steeds denken – dat het kwijtraken van mijn paswoord een marketingtruc was om in de publiciteit te komen.

Plotseling kwamen er zo veel bezoekers op mijn blog dat ik ervan schrok. Het was ongelooflijk, maar ik werd zelfs door iBest gebeld met de mededeling dat mijn blog op de tweede plaats op de hitlijst van populaire links stond. Ik had geen idee dat de dingen zo'n hoge vlucht konden nemen. In het begin schrok ik van die reactie. Het is vreemd te bedenken dat een heleboel mensen weten hoe je leeft, alsof ze bij me hadden ingebroken en de laden hadden omgekeerd. Tegelijkertijd merkte ik dat dat nou net was wat ik wilde: dat mensen over mijn leven lazen. Of althans over mijn publiek. Niet het publiek van Raquel, maar dat van Bruna Surfistinha.

Voor het laatst slief ik in dat huis. Het gesprek had me erg somber gemaakt. Mijn vader had echt geen vertrouwen in me. Noch in mijn vermogen om voor mezelf te zorgen. Hij gaf me het gevoel dat ik een nietsnut was. Ik beloofde mezelf dat het de laatste keer zou zijn dat ik zoiets toeliet. Of het nou van hem kwam of van welke andere man ter wereld ook. Ik voelde me beurtelings angstig en heel opgewonden. Binnen enkele uren zou ik vrij zijn om te gaan en te staan waar ik wilde, om te doen waar ik maar zin in had.

Het was een prachtige ochtend. Ik weet niet waarom, maar als op een frisse dag de zon schijnt, gebeurt er iets met me. Er komt dan een onwerkelijk gevoel over me, alsof ik dagdroom: dat sterke licht in de blauwe lucht, dat toch niet warm wil worden. Een prachtige leugen. Dat was het eerste wat ik zag, toen ik om tien uur 's ochtends wakker werd. Meteen maakte de betovering van dit droomscenario plaats voor de werkelijkheid van mijn diepgaande twijfel: is dit echt wat ik met mijn leven wil? Ik wist dat als ik wegging, het voor altijd zou zijn. Er was geen weg terug. Niet voor mij en niet voor mijn ouders.

Ik stopte wat kledingstukken in mijn schoolrugzak; ik kon moeilijk het huis uit lopen met een koffer. Al rommelend in mijn kleerkast kwam ik elk kledingstuk tegen en ik vond het jammer dat ik ze niet allemaal kon meenemen. Ik haalde er wat slipjes uit, een nachtpon, een T-shirt, een bloesje, een paar bikini's voor mijn werk, en met de kleding die ik aanhad plus de jas die ik zou aantrekken, was mijn bagage compleet. Mijn katje zat naar het gebeuren te kijken. Ik probeerde haar in mijn zak te stoppen, maar dat accepteerde ze niet. Oké, dacht ik, nog iets wat ik ga achterlaten, samen met mijn designkleren, mijn kamer en mijn herinneringen.

Ik ging naar de huiskamer en nam plaats aan de eettafel, waar ik deed alsof ik mijn huiswerk maakte. In werkelijkheid zat ik naar mijn moeder te kijken die in stilte, met haar rug naar me toe, iets stond klaar te maken in de keuken. Ik besefte dat zij het niet verdiende dit alles te moeten meemaken. Toch was het wat ik wilde doen. Of móést doen. Ik bedacht dat ze in korte tijd twee dochters kwijtraakten. Mijn oudste zus (die ook mijn peetmoeder was) was nooit meer teruggekomen uit Amerika.

Aan de ene kant was ik uitgelaten, aan de andere kant verdrietig. Toen ik naar die vrouw keek die ooit haar eigen leven had opgegeven om zich aan haar man, huis en kinderen te wijden, en zelfs aan mij, terwijl ik niet haar echte kind was, voelde ik een enorm verlangen om mijn besluit met haar te delen. Haar te laten zien dat het allemaal niet aan haar lag, maar aan mezelf. Ik zou zelfs in haar voetstappen kunnen treden, mezelf wegcijferen en alles precies zo doen als zij het had gedaan. Nee, ik had mijn beslissing genomen.

Ik begon alles wat ik tegen haar wilde zeggen op te schrijven. Dat had ik niet zo bedacht, het gebeurde spontaan en oprecht, zoals ik al heel lang niet meer had kunnen zijn. Ik bedankte haar voor alles wat ze voor me had gedaan, vroeg haar om vergeving voor het verdriet dat ik haar deed, maar maakte duidelijk dat ik wegging om op zoek te gaan naar mijn geluk, waar zich dat ook mocht bevinden. Ik sprak de wens uit dat mijn vader en zij op die manier ook weer gelukkig zouden worden, zonder mij en mijn problemen. Ik las de brief over; het leek wel die van een zelfmoordenaar. Toch had ik niets anders kunnen schrijven. Op de een of andere manier stierf er iets in mij, die dag.

Ik liet de brief op tafel liggen en pakte mijn map en mijn rugzak. Ik ging altijd door de keukendeur naar buiten. Ik liep mijn moeder voorbij die bezig was met het middageten en met haar rug naar me toe tegen het aanrecht stond geleund. 'Dag, mam.'

Ze gaf geen antwoord. Ze draaide zich niet om. Ik wist dat dit afscheid definitief was. Zij niet. In de deuropening bleef ik even naar haar staan kijken. Ze draaide zich niet om. Het spijt me zo dat ik haar op dat moment niet heb durven omhelzen. Ik hou van mijn moeder. Ze wist het niet. Ze draaide zich niet om. Er kwam geen woord, geen gebaar. Niet van haar, en niet van mij. Ik draaide me om. Zwijgend deed ik de deur achter me dicht. Dag, mam.

Dagboek
van een callgirl

EERSTE KLANT

Profiel klant: in het begin beetje gestoord. Later bleek hij wel aardig. En heel ondeugend. Er was geen chemie of affiniteit.

Stijl: mechanisch.

Interessant detail: hij neukte me in mijn kutje, denkend dat het mijn kont was. Maar dat was niet mijn schuld. Echt niet.

Grappig detail: hij was ervan overtuigd dat ik een joint had gerookt. Dat was niet zo. Ik zweer het.

Eerste ronde: we likten elkaar, maar kwamen geen van beiden klaar. Des te beter. Toen heb ik hem bereden tot zijn ogen wegdraaiden.

Tweede ronde: ik zat op handen en knieën en we deden het anaal... nee, oeps, vaginaal, tot hij klaarkwam.

Sinds juni 2004 zagen mijn verslagjes op www.brunasurfistinha.com er allemaal zo uit: gestructureerd, basaal, zonder veel details. In die tijd werkte ik soms wel tien afspraken op één dag af. Er bleef niet veel tijd over om alles op te schrijven. Tussen de klanten door had ik net genoeg tijd om alles te noteren om het naderhand in de pc te zetten. Toch werd ik door mijn blog een soort inspirerende muze voor masturberende mannen, van jong tot oud. En ik begon een zekere bekendheid te krijgen. Dat was niet helemaal mijn bedoeling, maar nu het eenmaal zo liep...

In augustus 2004 werd ik door het tijdschrift *Época* benaderd voor een interview; in een speciale uitgave van *Capricho* kwam ook een artikel met mij erin. Ik gaf een interview aan *Vip* en aan verschillende kranten en een paar seksblaadjes; ik kwam op verschillende sites te staan, nam deel aan chats en werd op een dag gevraagd voor *Superpop*, het tv-programma van Luciana Gimenez. Dat was een buitenkansje.

Iin de eerste plaats kon ik mijn gezicht laten zien om de mensen te laten geloven dat ik besta en echt ben (ja, hier en daar doken een heleboel namaak-Bruna Surfistinha's op die mijn naam gebruikten, zoals de zogenaamde Samara, die zich op *Orkut* voor mij uitgaf en zelfs een virtuele gemeenschap creeerde: WEG MET BRUNA SURFISTINHA).

In de tweede plaats geloofde ik dat mijn ouders me zouden zien en zouden begrijpen dat ik weliswaar in de prostitutie zat, maar het toch goed met me ging. Ik lig niet ergens in de goot. Zelfs de interviews deed ik met die gedachte in mijn achterhoofd. Ook dat voor het programma *Pânico* van de jongerenzender Jovem Pan (heel erg leuk). Heel aardige mensen, trouwens, al was ik bang dat ze de spot met me zouden drijven – wat niet gebeurde. Ze waren zelfs zo voorzichtig de lijn niet open te stellen voor vragen van luisteraars. Ach ja, ik denk dat dit alles voor iedereen een levensles is. Ik hoop van harte dat ik, op de dag dat het allemaal achter de rug is, weer contact kan leggen met mijn ouders.

De dag dat ik in *Superpop* optrad, werd het effect van alle publiciteit nog vóór de uitzending duidelijk – al voor ik van huis ging zelfs. De auto van het tv-programma kwam voorgereden en de chauffeur vroeg bij de receptie van de flat of ze me wilden waarschuwen. De portier vroeg natuurlijk of ik op de tv kwam en uiteraard keek hij naar het programma, dat live wordt uitgezonden. Het behoeft geen betoog dat het verhaal zich als een lopend vuurtje verspreidde. Maar dat veranderde niets aan de manier waarop het personeel hier met me omgaat. Er was een periode waarin de manager me op mijn nek zat en zei dat de andere bewoners erover klaagden dat ik zoveel mannen ontving. Nou, ik heb nooit iemand in de gang gezien... Het was zijn probleem. Toen men echter merkte dat ik 'beroemd' was geworden, hield dat op. Ze kregen meer respect voor me (niet dat ze me daarvoor ook maar een moment slecht hadden behandeld).

Donderdag 13 juli

Ik heb me altijd afgevraagd hoe het zou zijn om seks met een callboy te hebben. Waren die even toegewijd als ik tegenover mijn klanten? Waren ze in staat een vrouw te bevredigen, om haar lekker nat te maken en haar echt klaar te laten komen? Er woonden een heleboel callboys in mijn complex. Allemaal lekkere dingen, maar allemaal ook druk bezig een bad boy imago te cultiveren, of een snelle, gladde designerlook. Aangezien nieuwsgierigheid het bij mij van alles wint, besloot ik het eens te proberen. Hoe zal ik het eens omschrijven? Het was... het was... VRESELIJK! We waren net twee seksmachientjes: hij fakete aan de ene kant, ik aan de andere kant. Net alsof we het hadden ingestudeerd: ik haalde mijn trucs tevoorschijn, hij de zijne. Kussen, zuigen, likken, krikken. Heel bizar. Maar dat was nog niet het ergste. De grootste afknapper vond ik nog het besef dat het merendeel van zijn klantenkring uit mannen bestond. Ik wil niet onbescheiden zijn, maar ik denk toch dat ik kans zie om een tikje minder op de automatische piloot met mijn cliënten om te gaan. En, aangezien ik niet betaalde (hij trouwens ook niet), was er geen reden om de wip het schoolvoorbeeld van professionele seks te laten zijn...

Ik kreeg in de gaten dat de blog niet alleen veel mensen trok die nog nooit een afspraak met me hadden gehad, maar ook een leuk 'extraatje' kon zijn voor mijn klanten. Die vinden het enig om te zien hoe hun prestaties door mij worden beoordeeld. Zozeer zelfs dat er tot op heden een waarschuwing op het scherm verschijnt: DE 'INTERESSANTSTE OF LEUKSTE' AF-SPRAAKJES VAN DE WEEK. BEN JE IN DEZE PERIODE BIJ ME GE-WEEST EN ZEG IK ER NIETS OVER, WANHOOP DAN NIET. PROBEER HET GEWOON NOG EEN KEER... En veel mannen doen dat inderdaad. Goed voor de zaken, niet?

Toen mijn leven zich stabiliseerde met een gemiddelde van vijf of zes afspraken per dag (van maandag tot en met vrijdag, alleen ná de lunch), besloot ik mijn blog wat pikanter te maken. Maar met de nodige voorzichtigheid, zodat mijn klanten anoniem bleven. Alleen de klant zelf weet over wie ik het heb. Er zijn van die dingen, zoals een tatoeage, de plaats van een piercing, een detail van iemands lichaam of persoonlijkheid, die iemand kunnen verraden. En dat is niet mijn bedoeling. Iedereen weet dat er prostituees zijn die hun klanten het leven zuur maken en ze zelfs chanteren. Maar dat is niets voor mij. Ik kick ergens anders op.

Iets wat iedereen altijd vraagt, is of ik met mijn klanten genot voel. Zeker weten! Hoe professioneel ik ook ben, als er sprake is van chemie, affiniteit en opwinding, waarom zou ik daar dan niet van profiteren? Spelen onder werktijd is tenslotte mijn werk. Ik word betaald om andermans fantasieën te verwezenlijken (en al heb ik zo ook de mijne, ik houd ze toch voor me.

Ik heb zo mijn professionele routine, een soort 'Bruna-kwaliteitsstandaard').

Ondanks die speelse kant van mijn werk en het feit dat je zoveel mensen 'kent', moet ik zeggen dat het een eenzaam bestaan is. Ik kan niet goed tegen alleen-zijn, ik moet iemand hebben om voor te zorgen en die ook voor mij zorgt. Ik ben geen machine. Ik zie het als iets goeds wanneer een klant mij echt genot wil bezorgen. En als hij dat wil, waarom zou ik hem dat plezier dan niet gunnen? Of erop zijn minst mijn best voor doen. Het is wel zo dat het soms niet lukt. Zelfs niet als ik mijn 'innerlijke kracht' aanspreek – aanspanningsoefeningen van de vaginaspieren waardoor je krachtiger orgasmen krijgt. Ik gebruik die 'kracht' voor klanten die erop staan dat ik klaarkom. Om sneller van ze af te komen... Die komen dus echt niet in mijn blog.

Ondanks het leven dat ik leid, is het me ook nog gelukt er, behalve een heleboel scharrels, enkele vriendjes op na te houden. Met de laatste ben ik vier maanden samen geweest. Inderdaad, niet erg lang. Maar voor iemand met mijn dagindeling was het heel lang. We leerden elkaar kennen via een gemeenschappelijke vriend. Nou ja, hij wás geen vriend, maar werd er wel een. Die jongen belde me steeds, en we praatten heel wat af. Voor mij werd hij een vriend, dus geen sprake van seks. Ik doe het niet met mijn vrienden. Op een avond zat ik met Gabi in mijn flat te niksen en vroeg ik hem om langs te komen en een vriend mee te brengen voor haar.

Niets hoerigs, hoor: ik wilde gewoon gezelschap, een beetje kletsen, en als er iets gebeurde, dan zou het persoonlijk zijn. Hij bracht daadwerkelijk een vriend mee: mijn huidige vriend! Toen we elkaar zagen, was het net als in de film, overrompelend en wederzijds. Hij wist wie ik was, dat ik prostituee was en zo. Toch bleef hij die nacht bij me en we kregen een relatie. Het gaf me een prima gevoel: ik werd weer een gewone vrouw die van een man hield en iets voor hem voelde.

Onze relatie was zoals die van een willekeurig meisje van mijn leeftijd: uitgaan, bioscoopje, dansen, lekker in huis rondhangen, lachen, praten en, uiteraard, vrijen. Ik kan heel goed onderscheid maken tussen seks voor mijn werk en seks met mijn vriend, met liefde of passie, of waar het in een relatie dan ook om draait. Mijn hoofd en mijn lichaam zijn moe, maar als ik samen ben met degene met wie ik iets heb, dan wil ik vrijen, echt vrijen. Soms kost het me moeite. Maar hoe kun je nou degene verwaarlozen die een relatie met je heeft? Die jongen moet immers al tolereren dat zijn vriendin een hoer is, en dan zou ik juist geen *seks* met hem hebben? Al wist hij, net als zijn voorgangers, van tevoren alles over mij, toch was hij uiteindelijk niet opgewassen tegen mijn beroep, de publiciteit die mijn blog met zich meebracht en al het andere, mijn '*15 minutes of fame*'. Ontzettend jammer: die paar minuutjes zijn zo voorbij en daarna ben ik nog steeds hier, gewoon mezelf.

Te midden van al dat klatergoud, alle aandacht die ik kreeg vanwege de interviews en uiteraard de tv-programma's, had je mensen die me van vroeger kenden en me goedbedoeld opbelden om een praatje te maken. Aan de andere kant waren er ook mensen die opbelden om me eraan te herinneren dat hoer-zijn te allen tijde een prijs heeft. Een jongen die tegelijk met mij op de Bandeirantes-school had gezeten belde op en daar raakte ik helemaal van in de put. 'Hé, Raquel, nee maar, zeg! Je bent hoer geworden!' Wat me het meest kwetste, was dat het zijn bedóéling was me pijn te doen. 'Iedereen van onze klas is aan zijn tweede of derde jaar aan de universiteit bezig en alleen jij bent hoer geworden.' Hij deed neerbuigend en behandelde me alsof ik uitschot was. Dat raakte me op een onaangename manier. Natuurlijk had ik er weleens bij stilgestaan hoe het leven eruitzag voor de mensen die samen met mij op school hadden gezeten en die allemaal vooruitgingen. Tot op de dag van vandaag weet ik niet waarom die jongen dat deed. Wat won hij erbij mij op die manier pijn te doen? Maar ja, wie in de regen loopt, wordt nu eenmaal nat.

Er zijn mensen die geloven dat prostituees geen behoefte aan liefde hebben, aan vrijen om het vrijen. Wat een onzin. Dat zou hetzelfde zijn als beweren dat een kok nooit honger heeft. Dus zelfs al is seks mijn werk, toch masturbeer ik heel vaak. Ik wil genot door middel van mijn eigen fantasieën. De laatste streek die ik heb uitgehaald als 'privépersoon' leidde ertoe dat de betrokkene werd ontslagen. Serieus! De afloop van het verhaal werd me verteld door Natália, een vriendin die 'inspringt' bij groepsseks als de klanten geen andere meisjes meenemen. We waren met zijn tweeën voor ons plezier naar een normale nachtclub gegaan, in de Jardins. Ik heb het zelfs in mijn blog gezet en erbij verteld in welke tent het was; waarschijnlijk heeft de een of andere klikspaan het gelezen en is de man in kwestie om die reden ontslagen. Ik vond het rot, maar híj was degene die aan het werk was, niet ik... Ik had veel gedronken. Als dat gebeurt, word ik heel gemakkelijk en verlies ik echt mijn zelfbeheersing. Trouwens, volgens mij wordt iedere vrouw in zulke omstandigheden geil en gewillig.

Die nachtclub bestaat uit twee ruimtes. Ik was op de bovenverdieping, waar de man in kwestie als barkeeper werkte. Ik merkte dat hij naar me stond te kijken – en ik keek natuurlijk terug, ik flirtte onbeschaamd met hem. Op een gegeven moment liep ik naar de bar om nog een biertje te halen; hij maakte avances, en ik liet me gaan en gaf hem een kus. Ik vroeg hem een servetje om mijn telefoonnummer op te schrijven, zodat we elkaar ergens anders konden ontmoeten. 'Nee, we doen het volgende: ik ga naar de wc, jij wacht even en komt me dan achterna. Dan doen we daar een vluggertje.' Het duurde meer dan een halfuur... Toen we weer buiten kwamen, stond er een enorme rij voor de deur. Er is daar één wc voor mannen en vrouwen en ik schaamde me dood toen ik eruit kwam. Het was heel lang geleden dat ik had geneukt met wie ik wilde. Ik had echt behoefte aan zo'n vrijpartij, met iemand in wie ik zin had – en niet voor geld.

Ik had de hoop al opgegeven dat ik nog eens een relatie zou krijgen. Maar op de Braziliaanse Valentijnsdag van 2005 voelde ik me opnieuw een gewoon meisje: iemand vroeg me om verkering! Echt waar!!! Het was Pedro. Hij was getrouwd en had het er altijd over dat het slecht ging met zijn huwelijk, dat zijn twee dochtertjes de enige reden waren waarom hij niet ging scheiden. Hij was nog nooit met een callgirl uit geweest, maar hij volgde mijn blog, was nieuwsgierig naar me geworden en werd, in zijn eigen woorden, 'fan' van mij. In totaal kwam hij zeven keer bij me op afspraak vóór we bevriend raakten. Een paar maanden geleden was hij gescheiden. En op Valentijnsdag vroeg hij of ik met hem uit wilde. Hij had al een paar hints gegeven dat hij me financieel zou steunen als ik uit de prostitutie wilde stappen. Ik legde hem uit (en hij was volwassen genoeg om het te begrijpen) dat ik mijn ouderlijk huis had verlaten om onafhankelijk te zijn. Hij respecteert me en gaat goed met de situatie om. Zo goed zelfs dat we al samenwonen en plannen maken voor de toekomst. Ik heb het gevoel dat hij de liefde van mijn leven is. Mijn moeder zou beslist dol op hem zijn. Ik grap altijd tegen hem dat ik met mijn ervaring alle smoezen ken die mannen hun vrouwen vertellen als ze hen bedriegen. Als hij een dezer dagen voor de verleiding zwicht, zal hij héél creatief moeten zijn... Arme Pedro.

Donderdag, 7 augustus
VIJFDE KLANT

Haaaa!!! Eindelijk vroeg iemand me weer eens om naar de parenclub te gaan!!! We kwamen binnen om elf uur 's avonds en gingen om vier uur weer weg. Hij was al een keer of drie bij me geweest. Bij hem maakte ik aan het eind van de avond voor het eerst iets heel vreemds mee. Ik eindigde in tranen in de kamer voor stellen. Vandaag was het bomvol, maar er was niets aan, hoewel er mooie mensen rondliepen. Er waren veel jochies in hun eentje, veel nieuwe vrouwen, en in het labyrint mogen op donderdag mannen alleen naar binnen. Daar moet je dus niet wezen, want het is er net een troep aasgieren op een berg slachtafval. Serieus... Maar de muziek was uitstekend, met een heleboel gouwe ouwe. Ze draaiden zelfs een van mijn lievelingsnummers (de naam weet ik niet, maar het is van The Mamas & The Papas). Helaas voor de mannen is donderdag ook de dag van de stripshow alleen voor vrouwen. Maar het stripgebeuren kon me niet boeien, zoals anders. Ook omdat ik er geen zin in had. We ruilden drie keer van koppel, maar slechts één daarvan was voor mij de moeite waard. Bij het eerste stel zag het meisje er heel aanlokkelijk uit, maar helaas voor mij deed ze het niet met vrouwen. Toen ik mijn blouse uittrok, kneep ze even in mijn borst en zei 'siliconen, hè, meissie?' Zo aangesproken te worden, en dan ook nog midden onder de seks – wat een afknapper. Ik lachte en deed of mijn neus bloedde. Ik háát het om 'meisje' genoemd te worden. Laat staan 'meissie'.

Haar partner was eveneens een vervelend joch, hij wilde klaarkomen op mijn borsten. Ik zei nee, maar hij drong aan. Omdat ik het vervelend vind als iemand ergens op aandringt waar ik geen zin in heb, zei ik uiteindelijk maar dat het oké was. Op het moment dat hij kwam, nepte ik hem: ik ontweek hem en er kwam geen druppeltje sperma op me terecht. Na de volgende wisseling kwam ik bij een Japanner die ik eigenlijk wel leuk vond, maar op het uur U vond ik het niks. We deden het met mij op handen en knieën op de bank en hij staand. Hij neukte heel erg hard. Om me te beschermen draaide ik mijn gezicht opzij om niet met mijn neus tegen de muur te stoten. Ik zag sterretjes. Hij was nogal agressief, maar gelukkig kwam hij snel klaar. Mijn klant fingeerde een orgasme bij 'meissie', zodat ze er snel vandoor zouden gaan en wij het met z'n tweetjes konden doen. Bij mij kwam hij klaar.

Na de derde partnerruil (ik durfde het meisje van die vent niet aan te raken, hoewel ik ontzettende zin had om haar te likken) trok een stomdronken vent uit Rio me naar zich toe die zei dat hij, zodra hij me zag, had moeten denken aan de film *Scent of a Woman* en me de hele film begon te vertellen. Niemand verdient het om in een parenclub de beknopte inhoud van een film te moeten aanhoren.

Vóór de derde partnerruil gingen we even naar het labyrint. Daar was een vrouw van een jaar of veertig die tegen haar man aan schurkte, maar tegelijkertijd een ander pijpte. Een overtuigd pijpster: uit het niets verscheen er een andere piemel en zij hapte toe. Ineens kwamen er van alle kanten mannen van uiteenlopend slag om door de vrouw gepijpt te worden. Volgens mijn telling pijpte ze er zeven. Ik dacht even dat de mensen nummertjes zouden gaan trekken. Tja, moet kunnen... Hoewel ik, ook al ben ik hoer, nooit zeven pikken zou pijpen in een parenclub.

Het viel me op dat ze niet opkeek. Ze wist niet van wie al die pikken waren. Ze stopte ze alleen maar in haar mond. Ik keek eens goed wat voor soort kerels het waren: niet veel soeps allemaal, en dan zeg ik het nog netjes. Wie ben ik om iemand te bekritiseren? Maar ik moet zeggen dat ik ervan schrok. Dat was zeker haar fantasie. Ik weet niet wie me meer afkeer inboezemde, de vrouw of de mannen. Mannen zijn echt erg! Als een man wil klaarkomen, steekt hij zijn piemel in het eerste het beste gat dat hij tegenkomt. De enige reden waarom hij hem niet in een gat in de muur steekt, is dat een muur niet kreunt.

Ik had nog steeds geen enkel kutje gelikt. We waren in het zaaltje waar alleen stellen mogen komen en eentje begon aan me te zitten. Vervolgens stelde ze voor om naar een privékamertje te gaan. We beften elkaar uitgebreid, maar het lukte me niet om klaar te komen. Maar zij kwam wel klaar in mijn mond. Haar kutje was van het soort dat ik lekker vind, heel vlezig.

In alle relaties die ik heb gehad terwijl ik als prostituee werkte, heb ik geleerd dat ik pas weer als vrouw zal worden gerespecteerd op de dag dat ik met dit werk ophoud. En ik trek nog een les uit dit alles: wanneer dat gebeurt en ik de man van mijn leven leer kennen, degene met wie ik ga trouwen en kinderen krijg, ga ik hem niet vertellen dat ik callgirl ben geweest. Het besluit is genomen: ik wil dit allemaal achter me laten. Vergeten? Nee, dat is onmogelijk... Laten we zeggen dat ik al deze levenservaring in een la zal stoppen die ik nooit meer zal openmaken. Ik zal vast en zeker als de dood zijn dat mijn toekomstige man me al heeft ontmoet als Bruna, of er op een andere manier achter komt. Maar even voor de duidelijkheid: ik ben geen berouwvolle zondares! Ik hoop dat het met Pedro anders loopt, want ik hou veel van hem en wil dat hij respect voor me kan opbrengen.

Een van de klassiekers in elk sprookje over prostituees is het vinden van de man die je uit 'het leven' haalt. Is mij dat ook niet overkomen? Hij was een 62-jarige klant, een naar liefde hunkerende weduwnaar. Elke week kwam hij bij me, maar we deden het bijna nooit, het was meer praten (en dat komt vaker voor dan je denkt). Op een dag zei hij ronduit: 'Ik wil eens heel serieus met je praten.' Hij vertelde me dat zijn zoon, die bij hem in huis woonde, voor een jaar deelnam aan een uitwisselingsprogramma en dat hij alleen zou achterblijven. Hij nodigde me uit bij hem in te trekken en vroeg me uit de prostitutie te stappen. Hij zou betalen wat ik maar wilde: studie, sportschool, kleren, hij zou me zakgeld geven, als ik maar overal mee ophield.

Ik zei hem dat ik erover zou nadenken, en dat heb ik ook echt gedaan. In feite zou ik niet ophouden met betaalde seks, maar het nog uitsluitend met hem doen, evengoed voor geld. Eén enkele klant voor de rest van het leven (het zijne wel te verstaan, en dat zou heel kort kunnen zijn). Dat ik het aanbod afsloeg, had niets met hem te maken, want ik mocht hem heel graag, en ook niet met zijn gulle aanbod, want dat was fair. Maar shit, ik had mijn ouderlijk huis verlaten om meer vrijheid te hebben. Me aan een man binden, zonder liefde, kwam neer op het verruilen van de ene kooi voor de andere. Een gouden kooi weliswaar, maar toch. Ik weet dat ik er een goede slag mee zou slaan, dat dit voor veel meisjes die leven zoals ik het aanbod van hun leven zou zijn. Maar ik was ook bang dat hij zou doodgaan en ik er de schuld van zou krijgen. Ik geloof dat ik dat al vaker heb zien gebeuren, in films en in het werkelijke leven.

Het komt misschien niet dagelijks voor dat iemand 'je ziel wil redden door over je lichaam te waken', maar iets wat vaker gebeurt als een man al vaak bij je is geweest, is dat er vriendschap ontstaat. Al mijn huidige vrienden zijn voormalige klanten. Mijn beste vriend is vijf of zes keer als klant bij me geweest. En in veel van die sessies kwamen de losbandigheden op de tweede plaats. Daarna kregen we bijna dagelijks telefonisch contact, en dat was niet zomaar even babbelen om een neukafspraak te maken. Op een dag moest ik het hem heel duidelijk maken: 'Op het moment dat we vrienden worden, is het afgelopen met de seks.' Dat gaat niet, het werkt niet. Ik kan geen seks hebben met mijn vrienden. Word je m'n vriend, dan komt er een einde aan de relatie callgirl-klant. Daar ligt mijn persoonlijke grens.

Dinsdag, 12 september
DERDE KLANT

Ik ging naar een 'feestje' met een meisje en drie mannen, maar een van hen was er alleen maar bij als voyeur. We spraken af in café All Black en van daaruit gingen we naar het appartement van een van hen. Het was een heel rustige orgie. Eerst was ik met een man in de slaapkamer. We neukten even en hij kwam pas daarna klaar, bij het mondelinge gedeelte. Daarna zaten we even met de andere twee in de woonkamer te drinken en te kletsen, terwijl het meisje de slaapkamer inging met dezelfde die ik net had gehad. Ik ging uiteindelijk op de bank liggen terwijl eentje me befte. Om het gemakkelijker te maken hielp ik hem met mijn vinger. En ik kwam heerlijk klaar. De ander zat alleen maar naar ons te kijken vanaf de andere bank. Toen het 'stelletje' uit de slaapkamer kwam, gingen wij twee. We neukten even, ik bereed hem en hij kwam klaar in mijn mond.

Interessant detail: Een van hen was al eens bij me geweest.

Treurig detail: Ik kwam pas om halfzes 's morgens thuis...

In het dagelijks leven van een callgirl speelt de gynaecoloog een belangrijke rol. Hij moet absoluut weten dat ik in de prostitutie zit, punt uit. Hoe kan hij me anders goed adviseren en me zo zorgvuldig onderzoeken als nodig is om me te beschermen? De angst voor aids staat bovenaan. Om de drie maanden doe ik een test en elke keer weer sta ik dezelfde doodsangst uit. Als ik erheen ga, ben ik altijd erg bang. Ja, ik bescherm me wel, ik gebruik altijd een condoom als ik seks heb... Dat wil zeggen: als de man me neukt komt hij er niet in zonder condoom. Maar bij het pijpen neem ik eerlijk gezegd wel risico's.

Mijn arts heeft me uitgelegd dat het risico van besmetting via de mond kleiner is, maar het ís er wel. Vooral als ik een wondje in mijn mond heb, iets wat je niet eens in de gaten hebt. Ach ja, soms ga ik af op het uiterlijk van de klant, dan voel ik me op mijn gemak, vertrouw op wat ik zie en pijp hem zonder bescherming. Naderhand heb ik dan spijt. Je weet immers nooit of een man iets onder de leden heeft, enkel op grond van zijn uiterlijk. Maar ik slik nooit door. Ik laat de vent wel kort klaarkomen in mijn mond, maar ik slik het niet in (nou ja, zelden). Ik denk dat ik ongeveer vijf van de tien keer zo stom ben zonder condoom te pijpen. Maar ik doe mijn best om minder stom te worden.

Zorgen voor je lichaam zonder voor je hoofd te zorgen slaat nergens op, toch? Gezondheid oké, haar oké (tot jaloezie van een heleboel meisjes is mijn haar van nature steil, dus ik heb geen steiltang nodig. Bof ik even, hè?), huid behandeld met vochtinbrengende crème, altijd goedverzorgde nagels. Wanneer mijn 'werkuitrusting' is gecheckt, neem ik even wat tijd voor mezelf. Elke maandagmiddag ga ik naar therapie. Grappig: mijn hele leven ga ik al om met psychologen. Maar nu is het toch anders.

In het begin wist ik niet wie ik naar het consult meebracht: Raquel of Bruna. Tegenwoordig is het niet meer zo ingewikkeld. Ik ben al voorbij die lastige en vervelende fase waarin je de therapeut je hele verhaal wilt vertellen. Tegenwoordig geef ik altijd een samenvatting van de voorafgaande week, maar met de nadruk op wat de gebeurtenissen met Raquel doen, wat ík van het leven vind, mijn plannen. Uiteraard komen er bij al dat gepraat over mij ook klanten en werksessies aan de orde. Je kunt die dingen niet los van elkaar zien.

Vrijdag, 22 september
VIJFDE KLANT

Schijn bedriegt. Ooit, in het huis op Alameda Franca, werd ik gekozen door een heel knappe vent. Ik viel wel op hem. Hij had iets ondeugends over zich, maar leek me tegelijk een aardige kerel te zijn. Bovendien zag hij eruit alsof hij goed was in bed. Toen we in de wachtkamer intiem zaten te kletsen, om te bepalen wat er zou gaan gebeuren, deed hij een verzoek: hij wilde door mij in zijn kont geneukt worden. Oké, geen probleem, hij was niet de eerste en zou zeker niet de laatste zijn die ik als 'Bruno' zou pakken. Hij wilde dat ik de dildo al omgegespt zou hebben als ik de kamer binnenkwam. Ook geen probleem, de klant is koning, toch? Maar toen het moment was aangebroken dat ik van achteren wilde gaan rimmen, werd hij schichtig. Steeds wegduiken, proberen te ontglippen. Kontneuken was een fantasie van hem, maar hij had niet de ballen om zich aan de praktijk te wagen. Zodra de dildo zijn aars raakte, krabbelde hij al terug. Maar hij zoog wel gretig uren op de rubberen pik. Zo werkten we drie sessies af. De vierde keer dat hij zich aandiende, vroeg hij of ik een vriend had die mee kon doen met een triootje en – uiteraard – hem in zijn kont zou kunnen neuken. Was dat dan wat eraan scheelde? Hij wilde een echte pik, maar moest naar een pro om zich niet homo te voelen? Ik maakte een grapje dat de beveiligingsman hem misschien uit de brand kon helpen, maar hij nam het serieus en vroeg hoeveel die zou vragen om met ons mee te doen. Ik wist dat Mr. Security nooit zou instemmen, maar moest doen alsof ik het ging vragen. Dus ik naar beneden, het hele verhaal aan de meiden verteld. Ze rolden om van het lachen. Toen ging ik weer naar boven en zei dat de beveiligingsman het verzoek had afgeslagen. Hij was erg teleurgesteld en zag eruit als een verloren puppy. Uiteindelijk heb ik hem niet in zijn kont geneukt. Ik vraag me af of hij daar nog altijd maagd is, of dat hij inmiddels de moed bijeen heeft geschraapt om zijn bruine ster alsnog te laten veroveren.

Er zijn klanten die me niet durven te bellen vanwege de prijs. Zeker, er zijn meisjes die driehonderd, vierhonderd real rekenen, maar die hebben dan ook maar één, twee of ten hoogste drie afspraken per week. Ik weet dat ik, door mijn zogenaamde 'beroemdheid' als Bruna Surfistinha, nog wel meer zou kunnen vragen. Maar ik hou van wat ik doe, ik zal het niet ontkennen. Het maakt dat ik me begeerd voel, iets wat ik nooit ben geweest. En uiteraard is er ook de praktische kant. Ik ben een praktisch mens: hoe meer afspraken ik heb, hoe meer geld er binnenkomt. Ik verdoe mijn tijd niet met gesteggel over de prijs. Een heleboel kerels beginnen om korting, voordeeltjes, exclusiviteit te zeuren. Daar heb ik absoluut geen geduld voor.

Vrijdag 10 november
VIJFDE KLANT

Meegevraagd worden naar een parenclub is iets wat alle callgirls te gek vinden. Ik ging naar een heel chique club in Moema met een geweldige klant – hij werd het nooit zat om me te neuken. Mij, en alle andere vrouwen die maar mee wilden doen. Als hij niet neukte, dan stond hij zich wel als een bezetene af te trekken terwijl hij toekeek wat ik allemaal deed met de vrouwen die hij nog ging neuken of al te pakken had gehad. En elke keer kwam hij weer klaar, ik heb het met mijn eigen ogen gezien.

In die club is een plekje waar ik gek op ben. Het is een klein kamertje, net groot genoeg voor een stelletje. Mensen buiten kunnen naar binnen gluren door een raampje op ooghoogte, maar het is vrijwel onmogelijk om te zien wat er binnen gebeurt, omdat het geblindeerd glas is waar je alleen van binnenuit door naar buiten kan kijken. Kicken voor wie geilt op bekeken worden, maar het liever houdt bij het idee dan de praktijk. Niet getreurd: buitenstaanders hoeven niet met hun duimen te draaien. In de muur tussen de gang en het kamertje zitten twee gaten, pal onder het rampje. Je kunt er je handen doorsteken en de mensen aanraken die daar aan het rotzooien zijn en vice versa. Mijn klant en ik waren meteen verslaafd: we waren wel twee uur lang druk bezig met alles pakken wat in de buurt kwam van een gat: billen, tieten, pikken... Eén stelletje vroeg of ze binnen mochten komen. Te gek! We zagen de honger in de ogen van de mensen die ons niet konden zien terwijl we hun handen voelden graaien naar wat ze maar konden aanraken. Het grote voordeel: we lieten ons alleen aanraken door degenen die we aantrekkelijk vonden – de knappe en de sexy gasten. Jammer dat het zo lang heeft geduurd voor ik dat kamertje had gevonden. Ik kreeg er geen hoogtepunt omdat er geen ruimte was om te gaan liggen en ik staand geen orgasme kan krijgen, maar dat kon de nacht niet verpesten. Ik heb het probleem later opgelost met mijn magische vinger: ik ben naar huis gegaan en heb daar mezelf bevredigd. Nadat ik was klaargekomen, moe en tevreden, heb ik mijn ogen gesloten en eindeloos nagedroomd.

Ik weet dat ik hier net zo mee zal ophouden als ik eraan ben begonnen. Ik wil niet mijn hele leven hoer blijven. Daar werk ik naartoe. Allereerst heb ik me bevrijd van de bordeelhouder. Ik ga niet de helft of meer van wat ik verdien aan wie dan ook afstaan. En ja, er zit ook een nare kant aan het alleen werken, en wel de veiligheid. Ontvangen in een flat helpt een beetje. En ik heb altijd het telefoonnummer van de klant – en check of het van hemzelf is. 'Geef me je nummer. Als er onverwachts iets tussenkomt, bel ik om af te zeggen.' Aangezien ze altijd een paar uur van tevoren bellen, is dat wel zo rustig. Tot op heden heb ik geen problemen gehad met agressieve klanten. Gelukkig maar, hè? Mijn grootste angst, diep vanbinnen, is dat ik een vriend van mijn vader of van mijn zussen tref. Ik heb al bekenden over de vloer gehad, zelfs jongens die ik van de Bandeirantes-school kende (die mij niet herkenden, maar ik heb het ze rechtuit verteld: 'Ik ken jou ergens van, maar niet van de prostitutie. We hebben op dezelfde school gezeten.')

Woensdag 22 november

TWEEDE KLANT

Waar mensen ook op geilen, ik vind alles best, maar soms vraag je je toch af wat iemand bezielt. Een klant arriveerde in mijn flat en trok al zijn kleren uit, maar hield zijn sokken aan. De seks deed me niets, want ik kon me niet concentreren. Ik wilde weten waarom hij zijn sokken niet had uitgetrokken. Had hij spuuglelijke voeten? Of misschien zweren, of zoiets? Hij kwam reuze relaxed over, had een goede wip en kwam twee keer klaar, één keer terwijl ik hem afzoog en één keer terwijl ik hem schrijlings bereed. Ik hield die sessie de touwtjes in handen, omdat ik niet naar die sokkenvoeten wilde kijken. Het waren gewone mannensokken, geen gaten, niets bijzonders. Toen hij voor de tweede keer was klaargekomen, ging hij even douchen en bleef ik verbijsterd achter in de slaapkamer. Opeens hoorde ik hem roepen: 'Wat de fuck?' Ik holde naar de badkamer om te zien wat er aan de hand was. Daar stond hij, in zijn nakie, onder de douche... met zijn sokken aan. Hij was gewoon vergeten ze uit te doen voor het seksen én voor het douchen. Hij kon er gelukkig om lachen. Mannen!

In mijn eentje werk ik van maandag tot en met vrijdag tussen de 25 en 30 afspraken af. Er zijn dagen dat ik er meer dan vijf heb, maar veel meer is niet prettig. Elke sessie in mijn flat duurt een uur, en voor 200 real doe ik het oraal en vaginaal. Als je anaal wilt, gaat de prijs omhoog naar 250 real (dit na mijn optreden in het programma *Pânico* in juni, toen ik de prijzen een beetje heb verhoogd omdat de vraag ook was gestegen; daarvoor rekende ik héél erg lang respectievelijk 150 en 200 real). Je mag in dat ene uur zo vaak je kunt. En je hoeft niet te betalen voor het motel of voor de flat, dat is allemaal inclusief. Tenzij de klant met me naar een motel wil of wil dat ik naar zijn hotel kom; dan vraag ik het dubbele, omdat ik me moet verplaatsen. Door deze werkwijze kan ik in het weekend vrijnemen. Iedereen heeft dat toch? Waarom zou het voor een callgirl anders moeten zijn?

Zelfs al zie ik wat ik doe als een commerciële activiteit, ik moet toch bekennen dat ik weleens medelijden met een klant heb gehad. Ik weet nog dat ik dacht: shit, die vent heeft een eeuw gespaard om hier bij mij te kunnen zijn. Hoe ik dat wist? Hij betaalde in briefjes van één real. Echt waar! Ik denk dat het wisselgeld was, van de bus en andere ditjes en datjes. Hij had 150 real bij elkaar geschraapt, in briefjes van één real.

Hij schutterde: 'Vind je het erg als ik zo betaal?'

'Nee, hoor, dat geeft niet.'

En toen gaf hij me dat rolletje bankbiljetten en ik telde het na terwijl hij zich opknapte om weg te gaan. Op dat moment voelde ik hoe mijn hart zich samenkneep. Wat een karwei om dat allemaal bij elkaar te sparen. Maar het gratis weggeven? *No way.* Zielig, oké, maar zaken zijn zaken.

Iets anders wat ik in dit beroep heb gemerkt, is dat er tijden van overvloed en tijden van schaarste zijn. Ik had al verteld dat aan het begin van de winter de vraag toeneemt. En aan het eind van het jaar ook, want dan komt de dertiende maand binnen. Van het normale salaris kun je niets missen, dus zo'n vent profiteert van de extra uitkering. De wetenschap dat een man het hele jaar heeft gewerkt en zichzelf als kerstcadeautje een uurtje met jou geeft, geeft me bepaald een trots gevoel. Daarom zijn dat ook de mannen die er het meest van genieten.

Een interessant aspect van het feit dat je freelancer bent, is dat je werkt volgens je eigen regels en overtuigingen. Je ontwikkelt je eigen normen. Weet je nog, dat verhaal over die handdoeken en lakens? Tja, voor de klant, en ook voor mij, is hygiëne essentieel. Zodoende heb ik hier in de flat voor iedere klant een schone handdoek. Voor de grap zeg ik weleens dat ik, als ik ermee ophoud, niet weet wat ik met al die handdoeken aan moet. Het zijn er bijna tachtig! Soms was ik het overzicht kwijt, vergat ik er een stel naar de wasserij te brengen en dan was ik er ineens bijna doorheen. Kon ik er weer een paar bijkopen. Het werd een hele verzameling... Allemaal wit, want dan kun je goed zien dat ze echt schoon zijn. De zeep voor mijn klanten is vloeibaar (van die stukken zeep met aanklevende haren van klanten, dat is pas echt walgelijk, jakkes, van de ene klant naar de volgende). De lakens gaan, tenzij een klant erg zweet of er gel op komt, twee keer mee, geen probleem. Voor condooms zorg ik. Tenzij een klant maat XX heeft; dan brengt hij doorgaans zijn eigen condooms in de juiste maat mee.

Maandag, 9 december
VIERDE KLANT

We hielden nog zo'n 'feestje'. Dezelfde gasten als vorige keer. Alleen waren het er deze keer maar twee, de voyeur en de eigenaar van het appartement. Vandaag dus 'Feest bij u thuis'. Net als de andere keren was het een rustige orgie. Het andere meisje was er nu ook bij. Terwijl ik met de voyeur in de woonkamer bleef, ging het andere stelletje naar de slaapkamer. In het begin voelde ik me een beetje opgelaten, want de voyeur (die het vandaag niet bij kijken liet) had het nog nooit met een callgirl gedaan. Sterker nog: hij was nog nooit vreemdgegaan!! Een bijna volmaakte man, niet? Althans tot vandaag... Hij vroeg of niet vreemdgaan goed of slecht was. Je wilt niet weten wat mijn antwoord was. Hij was heel lief voor me... Eerst bleven we een hele tijd bij het voorspel. Daarna pijpte ik hem, en hij kwam snel klaar. We wachtten op de anderen om te ruilen. De andere man kwam de slaapkamer uit en kwam op me af met zijn piemel al stijf. Hij befte me een beetje en nam me toen in de missionarishouding tot hij kwam.

Ik ben me rot geschrokken. Tijdens een avondje uit voelde ik me zwaar klote en ik ging stevig aan de coke. Geen idee hoeveel ik die dag gesnoven heb. Op een gegeven moment had ik het gevoel dat ik uittrad. Mijn lichaam reageerde niet. Mijn ademhaling was vreemd. Ik had een eigenaardige smaak in mijn mond. *Overdosis*. Ik keek in de spiegel en zag mezelf als een dode: lijkbleek, droge mond, paarse lippen. Mijn hart bonkte zo dat het leek te ontploffen en ik verloor het bewustzijn. Ik ben een spiritualist, dus ik geloof dat aan 'de andere kant' alles is wat we hier ook hebben. Zelfs ziekenhuizen. Toen ik bijkwam, wist ik zeker dat ik in een ziekenhuis 'aan gene zijde' lag. Ik had letterlijk een *bad trip*. Midden in dat onwerkelijke gevoel, en ik weet nog steeds niet of het door de drugs kwam, of ik het echt heb gezien of dat het een droom was, herinner ik me een lang gesprek met een man, ik weet niet wie, die een heleboel dingen tegen me zei. Onder andere dat ik moest ophouden met coke snuiven. Maar toen ik echt wakker werd, kwam ik erachter ik dat er helemaal geen man was geweest. Op die dag sprak ik met mezelf af dat ik zou stoppen. En toen ik helder was, bleef ik bij die beslissing. Uiteraard was het moeilijk. Ik kreeg ontwenningsverschijnselen, verlangde hevig naar het spul, en telkens wanneer dat gebeurde dacht ik dat ik doodging. Gabi heeft me in die tijd enorm geholpen, ze steunde me en verdroeg me terwijl ik in die toestand verkeerde. Ik sloot me zo ongeveer in huis op: ik ging niet meer uit, want ik wist waar ik gemakkelijk aan cocaïne kon komen en dat wilde ik niet meer. Wanneer die onrust, dat mateloze verlangen naar coke, weer bij me opkwam, dacht ik aan mijn leven en aan die droom (trip of hallucinatie) over die man in het ziekenhuis. Ik herinnerde me dat ik als callgirl was begonnen met de gedachte er ooit weer mee op te houden. Maar ik gooide wel elke dag vijftig tot zeventig real weg om vier gram coke te kunnen snuiven. Van de puurste en duurste soort; zonder een greintje kalk- of marmerpoeder. Dat was meer dan 50% van mijn verdiensten. Op die manier kwam ik nergens. Hooguit in het ziekenhuis aan 'de andere kant'.

Nadat ik had besloten om met cocaïne te stoppen, kon ik me wat beter op mijn doelstellingen concentreren en zag ik in hoe stom ik was geweest om in die val te lopen. Zo zie je maar, zo gewonnen, zo geronnen... 'Easy money' maakt je ook verslaafd. En ik wil niet de rest van mijn leven in de prostitutie zitten. Dat alles, plus het feit dat ik een heel praktisch persoon ben, bracht me ertoe een plan op te stellen om me te helpen gedisciplineerd te blijven. Ik noem het 'Spaarplan 500'. Veel mensen denken dat dit slaat op het sparen van 500.000 real. Maar dat klopt niet helemaal.

In het begin, toen ik uit huis ging, dacht ik dat ik voor de rest van mijn leven prostituee zou zijn. Mettertijd zag ik in dat het zowel fysiek als psychisch uitputtend werk is. In 2004 kreeg ik het idee om op te houden als callgirl en weer te gaan studeren. In feite besefte ik toen dat ik uit dit leventje moest stappen. Wanneer weet ik niet, maar ooit moet ik stoppen. Alleen heb ik daarvoor een doel nodig, iets om naartoe te werken. Op een dag zat ik hier in de flat te brainstormen, en ik vroeg me af hoeveel een appartement zou kosten. Ik maakte verschillende berekeningen; welke dingen wil ik kopen en hoeveel heb ik – naast mijn spaargeld – nodig om met dit alles te kappen. Er kwam een absurd bedrag uit, iets van 500.000 real. Goeie genade, dat krijg ik nooit bij elkaar. Ik schrapte een heleboel dingen van mijn 'verlanglijstje' en kwam uit op 300.000.

Aanvankelijk keek ik heel erg tegen dat bedrag op, want het is veel geld. Maar je moet ook bedenken hoeveel ik verdien. Toen kwam ik op het idee om die 300.000 real in porties te verdelen, om het wat beter te kunnen behappen. Een simpele rekensom: 300.000 gedeeld door 500 porties = 600 real per portie. Ik nam een vel papier en schreef er de getallen één tot vijfhonderd op. Nu streep ik bij elke 600 real die ik spaar en op de bank zet, het nummer van de betreffende portie af. Zodra er niets meer af te strepen valt, weet ik dat ik aan de 300.000 ben. Bovendien heb ik nog meer dingetjes van mijn lijst geschrapt en is het totaal verlaagd naar 200.000. Maar ik denk dat ik bij 100.000 al stop, ook al kan ik dan geen appartement kopen. Hoe dan ook, ik heb mijn plan getrokken. Er zijn maanden dat ik wel achtduizend real spaar. Het lijkt erop dat de toekomst vlak voor mijn deur staat.

Uit deze periode neem ik een paar 'erfenissen' mee: twee piercings (een in mijn navel en een in mijn onderlip. De derde, in mijn wenkbrauw, heb ik weggehaald) en drie tatoeages (de schorpioen, mijn sterrenbeeld, achter op mijn schouder, het hartje in mijn lies en een zinnetje in mijn nek, dat ik had laten zetten voor mijn ex-vriend – waar ik vreselijke spijt van heb: '*Thanks Du*'. Toen de relatie voorbij was, heb ik het laten veranderen in '*Thanks Dad*'). Behalve wat ik met me meedraag, zijn er ook dingen die ik heb laten versloffen. Ik heb twee jaar lang niet gestudeerd en heb het gevoel dat ik alles ben vergeten. Maar ik weet nu wel wat ik wil. Vroeger hield ik niet van leren; ik ben van gedachten veranderd. Zodra dit alles voorbij is, wil ik naar de universiteit. In 2005 ben ik klaar met de bijscholingscursus en als ik voor het toelatingsexamen voor de universiteit slaag, ga ik in 2006 beginnen met de studie psychologie. Ik ken een heleboel mensen die nooit naar de universiteit zijn geweest, maar supergoed verdienen als ondernemer. Maar zij hebben wel een 'sponsor'. Aangezien ik die niet meer heb, ben ik tot de conclusie gekomen dat ik moet studeren om vooruit te komen in het leven, of ik het nou leuk vind of niet.

Dinsdag, 28 december

EERSTE KLANT

Vandaag was mijn derde afspraak met het groepje. Ze wilden niet naar het motel, maar kwamen naar mijn flat. We speelden een hele tijd samen. Eerst deed zij een striptease, snel, maar voldoende om de drie mannen op te winden. Toen befte ik haar tot ze in mijn mond klaarkwam. Maar wat ik het lekkerst vond, was toen zij op hem zat, terwijl ik haar van achteren likte. O ja, en ook toen zij mij befte terwijl ik hem pijpte... Ik neukte even met hem, maar tot mijn verrassing deden ze het een behoorlijke tijd met hun tweetjes, terwijl ik toekeek. Ik kwam niet klaar, hoewel ze me heerlijk had gebeft. Hij kwam ook niet klaar, want hij 'hield het tegen'. Maar zij kwam geweldig klaar! Zo'n keertje of vier, schat ik.

Grappig: al mijn huidige vrienden zijn vroeger klant geweest. Uiteraard ontstaat er de eerste keer geen vriendschap. Zoals ik al zei, met vrienden neuk ik niet. Niet persoonlijk, maar ook niet professioneel. En dat maak ik hen goed duidelijk.

Sommigen slagen erin tussen de twee uitersten te balanceren: ze blijven klant, maar komen er dichtbij mijn vriend te worden, zonder dat dat echt gebeurt. Het is heerlijk hun uitingen van genegenheid te ontvangen. Velen van hen bellen me zomaar om te vragen hoe het met me gaat, of willen weten of alles oké is wanneer ik niet in mijn blog heb geschreven. Ook krijg ik veel cadeautjes. Ik heb eens een cd gekregen waar de gever iets persoonlijks van had gemaakt door een foto van mij op het hoesje te zetten. Te gek! Laatst schreef ik in mijn blog dat ik *Engelen en demonen* wilde lezen, en prompt brengt een klant het boek voor me mee. Ook rond Pasen en op mijn verjaardag is het prijs...

Vorig jaar vierde ik mijn verjaardag in een parenclub. In die tijd was ik echt verslaafd aan dat soort gelegenheden. Met mannen en vrouwen te kunnen vrijen, volop klaarkomen, dat hoerige sfeertje. Ik kom er rond voor uit dat het een persoonlijk genot was. Je hebt in die zaken het nachtclubaspect, dansen, drinken en kletsen, en natuurlijk het aspect van de groepsseks. Maar dat vindt niet allemaal in dezelfde ruimte plaats, al denken sommige mensen van wel. Dus ik dacht: het is mijn verjaardag, ik vind dit een fijne plek en er zijn massa's mensen die zich nog nooit in een parenclub hebben gewaagd omdat ze denken dat het alleen maar 'de hel' is. Nou, die massa mensen mocht die dag naar de parenclub. In die tijd had ik een vriendje, en hij kwam natuurlijk ook. Ik wilde alles met elkaar combineren: mijn verjaardag, lekker genieten, mijn fantasie met mijn vriend daarbinnen verwezenlijken, en ook met mijn vrienden. Mijn droom (en die van een heleboel anderen) werd werkelijkheid. Supercadeau.

Hier in São Paulo heb je veel van dat soort clubs, alleen hier in Moema al zeven! Van buiten ziet het er echter heel gewoon uit. Er staat niet in grote letters 'Parenclub' op. Net als de meesten dacht ik dat je meteen al bij de ingang een meute in een orgie verwikkelde mensen zou zien, naakt en neukend. In werkelijkheid begint het allemaal als een normale nachtclub: een bar, tafeltjes, dansvloer. Daar wordt tussen de verschillende stellen geflirt, maar heel beschaafd. Pas wanneer je je dieper in de club waagt, wordt het menens. Om bij de kamertjes te komen, moet je eerst door een labyrint (niet in alle clubs): een donkere, heel smalle gang waarin je je langs de mensen moet wringen. Goed om je lekker op te geilen, zonder enige gêne, want je ziet elkaar nauwelijks. Als je verder gaat, kom je bij de kamertjes. De muren daarvan bestaan uit spijlen, zodat degene die buiten staat, kan zien wat daarbinnen gebeurt (voor zover mogelijk, want het licht is nou ook weer niet zoals in een voetbalstadion). Alles is erop gericht om de dingen eerder tastbaar dan zichtbaar te maken. Je betast, wat je pakt voelt lekker en je laat je gaan. Het is iets waanzinnigs: soms zijn er wel twintig stellen tegelijk met elkaar bezig. Voor de wat verlegener stellen, die aan de bar of op de dansvloer hebben zitten te flirten, zijn er doorgaans privékamertjes, bedoeld voor partnerruil met slechts één ander stel.

Het vervelende van dat soort tenten is dat je er niet zo gauw mooie mensen aantreft. Het zijn doorgaans getrouwde mensen van tussen de 30 en 45 jaar. Niet echt jong en niet echt oud. Er zijn verschillende clubs die geen prostituees toelaten; ik ben zelf ook al eens geweigerd. Men gaat ervan uit dat die meisjes voor het geld komen en niet voor het plezier en het genot. En dat willen ze niet: de stellen zijn op zoek naar partnerruil met andere stellen die echt getrouwd zijn.

Donderdag, 31 januari
TWEEDE KLANT

Dit was een rustige sessie, zonder opzienbarende gebeurtenissen. Na afloop vertelde hij me dat hij plezier beleefde aan sadomasochisme. Met hem als sado, welteverstaan. De enige reden waarom hij dat niet aan de telefoon tegen de callgirl zegt, is dat hij het leuk vindt om haar ermee te overvallen. Hij vertelde dat hij me, toen hij eenmaal hier was, niet durfde te slaan. 'Jij ziet er niet uit als een hoer. Je bent zo lief, en ik had de moed niet om je te slaan. Ik spreek morgen met een ander af, alleen om haar te kunnen slaan.' Lijkt me inderdaad beter...

Ik heb al veel verhalen gehoord van meisjes die problemen hebben bij het werk. Volgens mij is het pure mazzel dat ik niet veel van dat soort voorvallen heb meegemaakt. Een van de dingen waar ik me in mijn werk het vervelendst bij voel, is het moment van de betaling. Ik schaam me. Zo erg dat ik tweemaal een klant zonder betaling – en zonder erom te vragen – heb laten gaan. In het ritueel van een sessie is het geld de laatste handeling. Net als een consult bij de psycholoog. In die twee gevallen moest ik Gabi (die mijn mobiele telefoon aanneemt en de afspraken maakt, want onze stemmen lijken heel sterk op elkaar) vragen om te bellen en alsnog om het geld te vragen. Vreselijk, hè? Eén van die 'onopzettelijke wanbetalers' kwam terug om alsnog te betalen. De ander, die nogal ver uit de buurt woonde, vroeg mijn bankgegevens en maakte het bedrag over. Nette mensen. Het gebeurde me nog eens twee keer in een parenclub. Een Catalaan die niet veel zei (niet alleen vanwege de taal, maar omdat hij gewoon een zwijgzaam type was) greep zijn kans toen ik naar het toilet was en ging ervandoor! De ander vergeef ik nog wel: ik had te veel gedronken en werd misselijk; hij had groot gelijk dat hij niet wilde betalen.

Het is grappig, want die toestanden over geld lijken een bedoeling te hebben gehad. Na alles wat ik thuis omwille van geld met mijn ouders heb uitgehaald, zie ik het feit dat ik slachtoffer ben geworden van enkele wanbetalers als een manier om die schuld 'in te lossen'. Maar er is nog meer gebeurd waardoor ik mijn trekken thuis kreeg. Toen ik nog in de club van Franca was, had ik een vriendin, Taísa. Ze was een beetje een uitvreter (in de zin dat ze absoluut niet van werken hield) en ze verdiende dan ook niet veel. Aangezien ik geen bankrekening had, borg ik mijn geld altijd in mijn laatje op. Ik heb altijd doorgehad dat er geld verdween, maar ik heb nooit geloofd dat zij de dief zou kunnen zijn.

Zelfs nadat we er bij Franca uit waren gezet en er in de privéclub in Moema kleine bedragen bleven verdwijnen, had ik niet de moed haar ermee te confronteren. Ik wilde onze vriendschap niet op het spel zetten vanwege een geldkwestie. Op een avond gingen we uit in Vila Madalena. In die tijd was ik nog aan de coke. Bovendien dronk ik veel die avond. Uiteraard werd ik misselijk. Op de toiletten dacht ik dat ze me wilde helpen, maar ik voelde hoe haar hand mijn broekzak doorzocht. Op het moment zelf was ik zo stoned dat ik niets merkte. Maar toen we de rekening gingen betalen merkte ik dat mijn vijftig real weg was. Samen met een ander meisje sleurde ik Taísa mee naar de toiletten en fouilleerde haar van top tot teen. Niets. Ik dwong haar zich uit te kleden en... daar kwam tot mijn verrassing mijn vijftig real tevoorschijn, opgerold in haar slipje. Dat was de druppel. Toen we in de privéclub terugkwamen, liep ik achter haar aan onze kamer in. Ik dacht dat ze me van kant zou maken – het scheelde niet veel. Haren werden uitgetrokken, er werd gekrabd en geslagen. Ik besloot de ruzie met een zin: 'Jij bent jaloers, omdat ik werk en jij niet. Het maakt niks uit; morgen verdien ik het gewoon weer terug.'

Een andere keer dat ik geld kwijtraakte, was in de eerste flat. Ik had 3000 real gespaard die ineens waren verdwenen. Gabi zei dat ze gek zou zijn geworden als het haar zou overkomen. Ik wilde niet eens weten of het de hulp was of een of andere klant. Weet je, ik was er niet eens verdrietig om. Ik zag het geloof ik als een soort boete voor mijn eigen daden. Boontje komt om z'n loontje, toch?

Dinsdag 4 februari

TWEEDE KLANT

Het is maar een paar keer voorgekomen dat ik zo verbaasd was dat ik niet wist wat ik moest doen. Ik ben natuurlijk niet voor niets een professional. Maar dit was zo'n rare dat ik besloot niets te doen of te zeggen. Hij kwam mijn flat binnen en wilde geen praatje maken. Meteen kleedde hij zich uit, stripte mij uit mijn kleren en deed een condoom om. Volgens mij kwam hij al binnen met een stijve. Hij besprong me in het missionarisstandje en begon meteen te raggen. Waarbij hij niet bij me binnenkwam; hij stootte zijn pik gewoon tegen mijn lies. Ik lag me onder hem af te vragen of het hem gewoon niet was opgevallen of dat dit de bedoeling was. Het leek me beter er maar niet naar te vragen, voor het geval ik hem zou beledigen. Of dat hij dacht dat hij wél bij me binnen was gekomen, maar dat ik gewoon niet zo strak was. De hemel mag het weten. En wil je wel geloven dat hij op deze manier nog klaarkwam ook? Het raarste was dat hij maar bleef vragen: 'Vind je het lekker?' 'Mmm, heerlijk,' antwoordde ik. Toen vroeg hij: 'Ben je ook klaargekomen?' Ik vroeg me af of hij een geintje maakte, maar speelde het spelletje veiligheidshalve gewoon mee en zei ja. Hoe haalde hij het in zijn hoofd? Het is al moeilijk genoeg voor een vrouw om klaar te komen met een pik in haar, laat staan als ie buiten blijft!

Ik vind het echt heel tof als een klant zijn hart bij me uitstort. Er zijn meisjes die ervan balen om de verhalen van klanten aan te horen, maar naar mijn gevoel is dat voor die mannen een belangrijk onderdeel van het 'pakket'. Ze komen niet alleen maar om hun sperma te lozen. En ze vertellen dingen die ze vaak niet eens aan hun vrienden of hun vrouw zouden bekennen. Sommigen zijn, als je eenmaal over de schrik heen bent, nog grappig ook. Zo kwam hier een vent die me vertelde dat hij twee grote blokken hasj had gekocht. Ik keek verschrikt (en dat was ik ook). Hij verontschuldigde zich, maar zei dat hij het íémand moest vertellen. Een andere keer maakte een klant met veel nadruk duidelijk dat hij tuig was, echt een onderwereldfiguur. Toch verliep onze sessie prettig, zonder schrikwekkende dingen. Maar toen ik van het toilet kwam, hoorde ik hem aan zijn mobiel zeggen: 'Nee. Kijk of hij echt dood is. Want als hij niet dood is, moeten we er een eind aan maken.' Hij doorspekte zijn taal met zoveel Bargoens dat ik er bijna niets van snapte. Toen ik hem nog eens goed bekeek, had hij ook echt het gezicht van een zware crimineel. Je weet wel, zo'n kop als je op het tv-journaal ziet. Ik begon te huilen, maar zonder dat hij er erg in had. Ik was goed geschrokken.

Andere keren is de schrik van andere aard... Bij binnenkomst van een klant mag ik graag voor mezelf raden hoe zijn pik eruitziet. Soms heb ik het goed. Vooral bij kleine. Grappig, hoe je dat aan iemand ziet. Ik kan het niet uitleggen, maar in bijna negentig procent van de gevallen klopt het. De welgeschapen man daarentegen is altijd een raadsel. Je hebt kerels bij wie je de grootste gruwelen verwacht, maar als puntje bij paaltje komt is het misschien geen kleintje, maar nou ook weer niet het monument dat het leek te zijn. En er zijn anderen waar je van tevoren niets voor zou geven, maar op het moment dat het erom gaat: *surprise*! Ik heb zelfs weleens gedacht: dat gaat niet passen. Als hij niet eens door de mondtest komt (alleen de eikel gaat erin), stel je dan voor hoe het in m'n kutje zal zijn. Maar er valt altijd wel iets op te verzinnen.

Persoonlijk ga ik niet zo af op het uiterlijk van een man of zijn 'grootte'. Natuurlijk, sommige klanten had ik graag onder andere omstandigheden ontmoet. Dan zou ik zeker iets met ze zijn begonnen: vriendelijke mannen, sommigen knap om te zien, anderen niet. Zoals alle vrouwen droomde ik van de ideale man. De mijne moest trouw zijn. Nu heb ik die hoop al laten varen... Dat is een droom van de onvervulbare soort. Maar ik wil wel graag een metgezel. Iemand die me genegenheid en geborgenheid geeft – en dat ook van me terugkrijgt. Dat we elkaar goed aanvoelen. Uiterlijke schoonheid is voor mij echt geen punt. Daar geef ik niets meer om.

Maandag, 7 maart
VIJFDE KLANT

Lompe, onbehouwen klant, die toch leuk probeerde te doen. Absoluut geen sprake van chemie, laat staan affiniteit. In het begin verliep het gebeuren in een hoerig sfeertje, maar daarna werd het mechanisch. Zéér mechanisch. Lieve hemel, ik begon te walgen van die vent, met name van zijn tong – ik moest bijna huilen. Echt. Toen haalde ik diep adem en zei bij mezelf: als je door de regen loopt, dan word je nat... Hij befte me, maar ik kon op geen enkele manier klaarkomen door de walging die ik voor zijn tong voelde. Aangezien hij maar niet wilde klaarkomen, gaf ik er zelf maar een draai aan om de zaak ten goede te keren: ik pijpte hem even en ging vervolgens op handen en knieën zitten. Hij kwam klaar in mijn kutje.

Tja, het is niet altijd mogelijk dit werk met plezier te doen. Maar van sommige dingen die je doet, krijg je echt spijt. Nee, rustig maar, ik ga hier niet de moralist uithangen. Ik geloof dat het enige waarvan ik spijt heb in mijn carrière en in mijn hele leven, die stomme pornofilm is die ik heb gemaakt. In het gebouw waar ik woon, huizen veel prostituees en enkele acteurs. Sommigen van hen kwam ik regelmatig tegen in de lift en dan kreeg ik steeds te horen: 'Wat ben je knap' en 'Zal ik eens wat foto's van je maken om aan de producente te laten zien voor wie ik films maak?' Ik hoorde die riedel zo vaak dat ik uiteindelijk die foto's maar eens naar die producente stuurde. Ik was me ervan bewust dat het niet om 'kunstzinnige' films zou gaan. Ik werd opgeroepen, dus daar ging ik.

Het was niet leuk. Zelfs niet een beetje. Het gaat er allemaal heel kunstmatig en geforceerd aan toe. De hele tijd roept de regisseur 'Cut!' en wordt de zaak stopgezet. Hoe wil je op zo'n manier iets natuurlijks tot stand brengen? Je kunt niet in de camera kijken omdat je de hele tijd naar die verdomde regisseur moet kijken om te zien wat hij voor gebaren maakt. Als hij zijn hand zus optilt, moet je van positie veranderen. Maakt hij een ander gebaar, dan moet je kreunen. Neuken met een hele meute mensen om je heen en dan ook nog opletten wat de regisseur aangeeft, is je reinste waanzin. Het was interessant omdat ik nu weet hoe het eraan toe gaat. Er was geen bal aan; ik heb gezien dat het totaal niet is wat men denkt...

Ook om andere redenen was het niet leuk. Ze betalen belabberd. Je verdient een schijntje. Ik schaam me gewoon te vertellen hoeveel ik ermee heb verdiend, want het is echt absurd weinig. Oké dan: 500 real. Dat heb je alleen in Brazilië. In de Verenigde Staten is dit een echt beroep dat ook anders wordt gewaardeerd.

Ik weet dat alles wat in mijn leven is gebeurd, mijn beroemdheid (ja, ik weet het, roem is vergankelijk), de goede en de slechte dingen, me op een bepaalde manier nog steeds aan het schrikken maken. Laatst liep ik hier vlakbij, in de straat waar ik woon, met een zonnebril op, toen een man me voorbijkwam, vlak bij me bleef staan (ik dacht dat het een overval was) en zei: 'Neem me niet kwalijk, maar ben jij Bruna Surfistinha?'

'Nee, dat ben ik niet.'

'O, sorry hoor, vergissing.'

Ik was superverbaasd, ik had nooit verwacht dat ik zomaar op straat zou worden aangesproken, dat iemand me zou herkennen. Ik was zo uit het veld geslagen dat ik ontkende dat ik het was. Wat een flauwekul...

Aan de andere kant is het ook weleens gebeurd dat ik tijdens een partnerruil in de parenclub met een bepaalde vent was en dat die later terugkwam en zei: 'Jij bent Bruna Surfistinha, hè? Ik wou altijd al dolgraag een nummertje met je maken, maar nu heb ik het gratis gekregen!' Ik had de vent wel kunnen vermoorden. Serieus.

Wat me het meest verbaast, is dat de meeste mensen heel neutraal reageren als ze me herkennen, al hoor ik ze ook weleens giechelen als ik ergens voorbijkom. Maar altijd blijft de twijfel: lachen ze om mij, hebben ze het over mij? Ik heb de indruk van wel, maar ik weet niet waarom ze dat doen. Ik word niet neurotisch om het leven dat ik leid. Me inbeelden dat de een of andere vent alleen maar met me flirt omdat hij weet wie ik ben. Ik ben een mooie vrouw. Ik ga heus niet lopen denken: aha, hij heeft me herkend en dáárom wil hij me versieren. Dat zou van de zotte zijn. Ik laat me liever 'meevoeren op de stroom'.

Soms ga ik midden in de nacht naar het flatgebouw waar mijn ouders wonen. Dan sta ik daar een hele tijd op de stoep. De laatste keer was ik met mijn vriendje: een halfuur zaten we daar met een biertje, terwijl zich in mijn hoofd dat filmpje afspeelde.

Ik zie de ingang voor me, en een meisje dat verschrikt naar buiten loopt in haar schoolkleding, een rugzak om met wat kleren erin, verward, losgeslagen – op weg naar haar zelf gekozen toekomst. Van beneden zie ik de donkere ramen van het appartement waar ik ooit heb gewoond. Ik herinner me mijn lichte kamertje, de lamellen (geen gordijnen of pluchen knuffelbeesten: ik heb astma en ben allergisch), de meisjesachtige inrichting (ik wilde geen spulletjes 'voor volwassenen') en de lange bank waarop ik mijn huiswerk maakte en waarop ik uren achter mijn computer en voor de tv doorbracht.

Ik ga daar niet naartoe in de hoop op een toevallige ontmoeting. Daar ben ik niet op voorbereid. En zij evenmin. Hoe zou mijn vader reageren? En mijn moeder? We hebben elkaar nooit meer gesproken. Ooit zullen we elkaar natuurlijk weer ontmoeten, maar dan wel gepland. Als ik uit de prostitutie stap, wil ik ze bewijzen dat ik dit werk heb gedaan, maar ermee ben opgehouden. Hopelijk maakt dat de terugkeer gemakkelijker.

Ik drink mijn bier op en loop een laatste keer voor het gebouw langs, kijk om me heen en zie dat er veel is veranderd. Ik ook.

Tegenwoordig zie ik in dat alles wat ik heb meegemaakt een fase is geweest waar ik doorheen moest. Zonder berouw. Drie jaren die zo hebben moeten zijn: het hoerenbestaan, de drugs... Als ik niet zo had geleefd, ver van mijn ouders, gebruikte ik misschien nog steeds antidepressiva. En zij, geen idee... Waar is het goed voor geweest? Voor verschillende dingen (ik bekijk het altijd positief). Van mijn innerlijke groei als persoon, omdat ik heb geleerd om voor mezelf te zorgen en van mezelf te houden, tot het feit dat ik met allerlei soorten mensen heb leren omgaan en de standpunten van anderen heb leren respecteren. Vroeger had ik voor niemand respect. Als ik geen callgirl was geworden, had ik nooit leren omgaan met al die verschillende personen. Ik ben allerhande mensen tegengekomen, goede en slechte. De beste van allemaal was Gabi. Door dit alles ben ik minder egoïstisch geworden. Ik denk wel dat als ik geduldiger was geweest, het een beetje meer tijd had gegeven, als ik niet uit huis was gegaan, mijn relatie met mijn ouders zich op een gegeven moment weer had genormaliseerd. Geen Bruna, alleen maar Raquel. Maar alleen Bruna had tot die conclusie kunnen komen. Raquel nooit...

Vorig jaar ben ik op bezoek geweest bij mijn oma, de moeder van mijn moeder, die in een verpleeghuis in Sorocaba woont. Ze liet me een fotoalbum zien. Er zaten geen foto's van mijn vader in, maar wel een van mijn moeder, met op schoot mijn pasgeboren nichtje dat ik uiteraard nog niet heb gezien. Ik weet niet waarom, maar ik besloot een kopie van die foto te maken. Die bewaar ik in mijn agenda. Op de een of andere manier brengt hij me dichter bij mijn moeder – en bij het moederschap. Ik denk aan mijn kinderen (ik wil er twee, een meisje en een jongen, het liefst een tweeling). Ik zie mezelf als een veeleer vriendschappelijke moeder, die haar kinderen vrijlaat. Ik ben het levende bewijs dat het niet helpt om je kind tegen te houden en dingen te verbieden. Mijn kinderen mogen uitgaan en weer thuiskomen zo laat ze maar willen, zolang ik ze maar breng en ophaal. Door het leven dat ik leid, ken ik de valstrikken van deze wereld maar al te goed. Ik ben in elke ervan getrapt.

Donderdag, 21

...Soms sta ik stil bij wat ik van mijn leven heb gemaakt, en ik weet dat ik er de vruchten van zal plukken, of misschien ben ik die al aan het plukken, zonder dat ik er erg in heb. Vandaag heb ik mijn hele verleden overdacht, zonder een depressief gevoel; ik heb het me alleen maar herinnerd, met weemoed en warmte. Als ik dit verleden niet achter me had, denk ik dat ik niet de persoon zou zijn geworden die ik ben, niet de hoer, maar mijn andere kant, die maar weinigen kennen. Het is zo fijn me de vrolijke momenten als gezin te herinneren, onze reisjes, mijn klasgenoten, alles... Nadat ik een tijdje naar die 'film' van mijn verleden had gekeken, die slechts in mijn gedachten draaide, droogde ik mijn tranen en hief mijn hoofd. Ik hou van huilen; het doet me goed.

De verboden
verhalen van
Bruna Surfistinha

*I*n bijna drie jaar als callgirl heb ik volgens mijn berekeningen meer dan duizend klanten gehad. In theorie mag dat misschien weinig lijken, maar in de praktijk... En dat zeg ik niet alleen vanwege de inhoud van de sessies, de seks op zichzelf, maar ook omdat je met allerlei soorten mannen te maken krijgt: mooi, lelijk, met een lekkere geur of juist niet, rustig, gehaast, macho's, onbehouwen horken en gevoelige mannen. Vandaag de dag kan ik zeggen dat ik van geen enkele fantasie nog schrik, want ik heb alles al gedaan en gezien.

Op een dag ging ik naar boven met een klant die er heel alledaags uitzag. In de slaapkamer weet ik niet of ik mijn verbazing kon verbergen toen hij zei: 'Kom met je vuist in me.' Hij geneerde zich totaal niet om me dat te vragen. En hij was zelfs voorbereid. Tjonge! Ik dacht dat het niet zou lukken. Ik heb een vriend die arts is en me weleens vertelt van bijzondere nachtdiensten met mannen die op de spoedeisende hulp verschijnen met allerlei voorwerpen in hun achterste die ze er niet meer uit kunnen krijgen. Meestal een fles, die een vacuüm opbouwt, waardoor het ding er niet meer uit gaat.

Maar goed. Zijn verzoek leek me ook weer niet onmogelijk; als een fles met een lange hals erin paste, moest een hand ook lukken. Ik merkte dat de vent eerder met dit bijltje had gehakt. Uit zijn tas haalde hij een chirurgische handschoen die hij me vroeg aan te trekken. Toen ik het pakje open-maakte, zei hij: 'Ik wed dat dit iets is wat je nog nooit heb ge-daan.' Voor ik een woord kon uitbrengen – hoewel mijn ge-zicht waarschijnlijk boekdelen sprak – ging hij verder: 'En ik denk dat je het ook nooit meer zult doen. Ik wil dat je je hele hand in me steekt.'

'Oké, maar dan moet jij me leren hoe.'

'Begin met één vinger, dan twee, tot ze er allemaal in zit-ten, en duw door, dan gaat hij erin.'

Er kwam een heleboel gel aan te pas... In één keer gaat het niet. Ik volgde zijn aanwijzingen op tot mijn hele hand er re-delijk gemakkelijk in ging.

Toen hij er helemaal in zat tot aan mijn pols, moest ik aan mijn vriend de arts denken en was ik als de dood dat zijn anus zou opzwellen en mijn hand er niet meer uit zou kun-nen. Zie je het voor je, ik naar het ziekenhuis, vastgeklemd in die vent? Ik geef toe dat ik ook bang was dat er viezigheid uit zou komen, weet ik veel. Dat vind ik maar niks. 'Rustig maar, ik heb een spoeling gedaan voor ik hierheen kwam. Er ge-beurt geen "ongelukje".' Ik scheen hem geen pijn te doen. Af-gaand op wat hij zei, het gemak waarmee ik in hem kwam en het kennelijke genot dat hij eraan beleefde, was dit niet zijn eerste keer.

Ik bleef een tijdje in hem, waarbij ik zijn aanwijzingen op-volgde: 'Beweeg naar rechts, blijf bewegen daarbinnen.' Ik geloof dat het ruim een halfuur duurde, ik met mijn hand he-lemaal in hem, terwijl hij op handen en knieën op de grond zat en zich aftrok tot hij klaarkwam – wat een eeuwigheid duurde. We hebben niet geneukt. Kortom, het 'gewone werk' hebben we niet gedaan.

Tijdens mijn werk respecteer (en verwezenlijk) ik de verlangens en fantasieën van iedereen, ook al staan sommige ervan mij persoonlijk tegen. In die mate dat als een vriendje van me tegen me zegt dat hij deze of gene fantasie heeft, ik hem voor gek zal verklaren. En dan gaat het niet door! Buiten het werk heerst in mijn bed vrije seks, maar er zijn grenzen!

Ik ben dol op groepsseks. Niet die van de parenclubs, maar hier bij mij thuis of in het appartement van de een of andere klant. Ik heb al aan heel wat orgiën deelgenomen... Eentje was onvergetelijk. Raad eens met hoeveel we waren. Vier? Nee. Vijf? Nee... Ácht. En ik was het enige meisje. Dat was niet de opzet; de jongens, die heel jong waren, hadden nog drie andere meisjes gevraagd. Er zouden voor ieder meisje twee pikken zijn. Ik zou het 'hoofdgerecht' vormen, want ze wilden allemaal even met mij. Maar toen de andere drie meiden kwamen, vonden de jongens hen geen van allen leuk en stelden me voor: 'Zullen we het alleen met jou doen? Vind je dat oké?' Ik ging direct akkoord.

Ik had al mijn creativiteit nodig om het aan te kunnen, maar die bezit ik dan ook in zeer ruime mate. Het zou een eersteklas *gangbang* worden. Ze besloten dat ze per vier bij toerbeurt mochten, want allemaal tegelijk, dat zou al te gortig worden. De eerste vier begonnen. Als je kunt tellen, weet je dat ik het goed geregeld had. Eerst een pikkenestafette: omringd door de vier pijpte ik de een aan de ene en de ander aan de andere kant, en trok de overige twee af. Ieder kreeg een pijpbeurt en een aftrekbeurt, in die volgorde. Maar in het hoerenwereldje heb je geen organisatie, 'netjes in de rij' en 'om de beurt' is onbestaanbaar.

Toen ze alle vier op punt van uitbarsten stonden, ging de

117

eerste op zijn rug liggen en ging ik boven op hem zitten zonder de andere drie los te laten – één in elke hand en de derde in mijn mond. Daarna begon de smulpartij pas goed: DP's in alle mogelijke variaties, en zodra er iemand klaarkwam, ging hij de kamer uit en riep een ander bij het wilde festijn dat steevast begon met beurtelings pijpen en aftrekken. Gelukkig degene die zijn orgasme lang kon uitstellen – of zich snel herstelde voor een tweede ronde. Ik kwam aardig wat keren klaar, en daar hoefde ik niet eens veel innerlijke kracht voor aan te spreken. Eén voor een velde ik al die stijve pikken. Ik weet niet eens op hoeveel de eindstand kwam. Maar het mooiste was nog dat dit tegelijkertijd mijn meest lucratieve neukpartij was: acht sessies in één, dat krijg alleen ik voor elkaar.

Enige tijd geleden was een klant heel agressief tegen me, en dat bracht me wel enigszins van slag. Wat me troostte, was de wetenschap dat de man, die al op leeftijd was, nooit was getrouwd. Ik bedacht dat ik de eerste noch de laatste vrouw was die hij slecht had behandeld. Nadat hij die dag was weggegaan, sloeg ik zijn nummer op in mijn mobiele telefoon om ervoor te zorgen dat ik nooit meer zou opnemen als hij belde. Er ging wat tijd overheen en af en toe belde hij, maar ik nam niet op. Tot hij op zekere dag vanaf een ander nummer belde en een andere naam opgaf. Omdat ik zijn stem niet herkende, maakte ik een afspraak. Toen ik opendeed, schrok ik me kapot; ik wist niet wat ik moest doen. Hij kwam binnen, greep me meteen beet en smeet me op de bank. Op dat moment dacht ik aan alles behalve aan het geld dat ik zou verdienen. We gingen naar boven, naar de slaapkamer, waar hij me grofweg op bed duwde en mijn kleren begon uit te trekken... Ik walgde van die zweterige handen op mijn lichaam. Hij leek geen mens, maar een beest. Als ik geen prostituee was geweest, zou ik me op zijn minst een verkrachtingsslachtoffer hebben gevoeld. Maar als hoertje voelde ik me een stuk vuil.

Ik zei dat ik niet doorging als hij zo agressief bleef. Maar hij hoorde me niet eens. Of hij hield zich doof. Aangezien ik wist dat het veel meer stress zou opleveren om hem de deur uit te werken, besloot ik het programma af te maken. Ik ging op handen en knieën zitten en hij ramde zijn pik in me. Het begon erg zeer te doen, want ik was droger dan de Sahara en bovendien ging hij zo agressief te werk alsof ik een opblaaspop was. Tot hij zijn piemel uit mijn kutje haalde en hem in mijn kont stopte. De pijn werd nog erger, want daar was ik ook droog. Ik slaagde erin de gel op het nachtkastje te pakken en me in te smeren. Hij vond het maar niks dat ik KY-gel gebruikte. Alsof hij in staat was een vrouw zodanig op te winden dat ze vochtig werd.

Ik zat nog steeds op handen en knieën en hij kwam maar niet klaar. Elke seconde duurde een eeuwigheid... Ik probeerde me goed te houden, maar het ging niet en ik begon te huilen. Ik weet niet of ik huilde van kwaadheid, haat, pijn of walging. Volgens mij van allemaal tegelijk... Maar op een gegeven moment hield ik op met huilen, omdat het toch niet zou helpen en de situatie zelfs nog zou kunnen verergeren. Ik probeerde sterk te zijn en mijn woede te bedwingen.

Ik deed niet eens alsof ik genoot... waarom energie verspillen aan nepgekreun? Ik wilde dat hij wist hoe het zat: dat ik het afschuwelijk vond om daar te zijn met hem. Toen draaide hij me om voor een missionarisstandje... Mijn lichaam was zo slap dat ik me net een opblaaspop voelde... Hij bleef een hele tijd boven op me. Op dat punt wist ik dat het uur bijna om was en dacht ik alleen nog maar aan geld. Bijna voorbij, herhaalde ik in gedachten.

Ik heb geen flauw idee wat er in zijn hoofd omging, ik weet alleen dat ik mijn ogen dicht had, met hem nog boven op me, toen ik opschrok van een klap in mijn gezicht. De schok was des te groter, omdat ik het niet had zien aankomen. Toen hij me de tweede klap gaf, smeekte ik hem om te stoppen... maar goed dat hij na die tweede keer ophield, want ik weet niet waartoe ik in staat zou zijn geweest...

Hij stopte en ging weer verder, en ik hield het niet meer, ik stond op het punt om te ontploffen en god weet wat te doen. Weet ik veel, op dat moment was ik echt tot alles in staat. Ik deed mijn ogen niet meer dicht, zodat hij niet op het idee kon komen iets uit te halen omdat ik toch niets zag. Maar ik keek van hem weg... en het ging door me heen dat, nadat mijn vader me had geslagen, dit de enige man was door wie ik me in het gezicht had laten slaan. Maar op dat moment besefte ik dat iedere willekeurige man dat met me kon doen...

De tijd was om. Ik stond op van het bed en zei dat het niet mijn schuld was dat hij niet was klaargekomen. En dat het enige wat ik nog kon doen, was hem helpen zich af te trekken. Zo geschiedde. Hij kleedde zich aan, betaalde en vertrok. Ik ging op de bank zitten en bleef een hele tijd naar het geld staren. Alle woede die ik tot dat moment had gevoeld ebde weg en in plaats daarvan voelde ik medelijden. Ja, met dat soort mannen moet je medelijden hebben, je moet niet kwaad op ze zijn. Dit is een man van wie niemand ooit heeft gehouden – dat had hij me de eerste keer zelf verteld, dat hij zelfs nooit met iemand verloofd was geweest. Ik weet maar al te goed waarom niet. Het is een man die niet eens iets hoeft te zeggen, je ziet al aan zijn ogen hoe triest en eenzaam hij is. En zijn agressiviteit in bed is slechts de terugslag van een totaal gebrek aan liefde.

Deze klant kwam uit een andere stad, enkel voor een afspraakje met mij. Gelukkig maar dat het een stadje in de buurt van São Paulo was... Al lag het niet heel ver weg, toch was het reuze attent van hem, want in zijn stad heb je ook hoertjes. Maar hij wilde mij. Hij was aanhanger van een oosterse religie – de naam ervan heb ik niet goed verstaan. Hij zegende me zelfs. We zaten met gestrekte armen tegenover elkaar en hij zei een paar dingen die ik ook niet goed kon verstaan... Volgens hem was hetgeen hij met mij deed een gebed om mijn geest te reinigen. En óf dat werkte! Nee, serieus, ik voelde me naderhand heel relaxed. Echt waar.

Midden onder het vrijen vroeg hij: 'Wil jij kennismaken met Zequinha?' Het duurde even voor het kwartje viel... Toch antwoordde ik maar van wel. Toen hij zijn onderbroek uittrok, begreep ik dat 'Zequinha' zijn koosnaampje was voor zijn jonge heer... Tja, mij best, hoor.

Het beste wat me ooit in de parenclub is overkomen, is dat ik er een stel tegenkwam dat ik daar drie maanden eerder had leren kennen. We hadden toen enkel van partner geruild; zij en ik hadden niets met elkaar gedaan. Hij is een lekkere veertiger van het type dat ik aantrekkelijk vind en graag voor mezelf zou willen hebben. Grijzend haar, schelms gezicht, goedgebouwd – en hij weet van wanten. Toen ik hem zag, zat hij aan de kant en ik danste op de dansvloer. Hij lachte naar me. Later, toen zij even niet in de buurt was, trok hij me naar zich toe, gaf me een likje en beet me zachtjes, op een manier waar ik ontzettend geil van word. Heel discreet stopte hij me zijn kaartje toe en vroeg me hem te bellen voor een afspraak. Maar mijn klant werd jaloers en stond niet toe dat ik bij hem bleef.

Ik begon wat te flikflooien met een blond meisje, echt een lekker ding... Omdat ik waanzinnig veel trek had om een kutje te likken, vroeg ik haar direct of ik mocht en ze zei ja. Ze ging zitten en ik befte haar een hele tijd, maar ze kwam niet klaar. Terwijl ik haar met mijn mond bewerkte, streelde haar man me – en dat begon me te irriteren. Wanneer ik met een vrouw ben, vind ik het niet prettig als er een man aan me zit.

Maar er was nog een andere vrouw die me nog veel intensiever streelde. Ze deed dat heel sensueel, ook al was het over mijn kleding heen. Je kon gewoon voelen hoe sensitief ze was. Ze fluisterde in mijn oor: 'Wat ben je lekker, mag ik je kussen?' Mijn god! Waar wilde ze naartoe? Ik hoefde er geen twee keer over na te denken. Ik liet het blondje zitten en begaf me in de armen van de brunette, die veel lekkerder was. We kusten elkaar uitvoerig, ik likte en zoog uitgebreid aan haar borsten, die net als de mijne met siliconen waren gevuld, en zij deed dat ook bij mij.

Ze zei allerlei ondeugende dingetjes tegen me; ik kon wel merken dat ze geil was en dat het helemaal uit haarzelf kwam. 'Ik ben dol op jonge meisjes zoals jij,' zei ze op een gegeven moment. Ze was zo rond de dertig. Ik geloof dat we meer dan een halfuur bij elkaar bleven... Eerst befte ze me tot ik klaarkwam. En vervolgens deed ik hetzelfde bij haar. We waren heel teder voor elkaar, dus toen ik wegging, wilde ik eerst afscheid van haar nemen. Ik omhelsde haar en zei: 'Het was heerlijk met jou.'

Ach, wat zou ik haar graag nog een keer ontmoeten, buiten die benauwde club en zonder een man in de buurt. Alleen wij twee. Ik had haar telefoonnummer moeten vragen. Weet ik veel... die vrouw deed me iets. Zozeer dat ik naderhand geen zin meer had in andere vrouwen.

Mijn vriendje en ik waren onderweg naar huis en kwamen door een buurt waar verschillende travestieten hun stand-plaats hebben. Ik was aangeschoten en wilde weleens zien wat voor soort mensen met travo's meegaan. Ik heb niets te-gen travestieten. Wat mij betreft is iedereen vrij om met zijn eigen lichaam te doen wat hij wil; daar heeft verder niemand iets mee te maken. Ik bleef zo'n veertig minuten op de hoek van een rustige straat staan. Pedro stond uiteraard vlakbij ge-parkeerd, half verborgen in de auto zodat niemand kon zien dat hij me in de gaten hield.

Pure adrenaline gierde door me heen, ik was alert op alles. Ik keek om me heen om te zien of er geen travestiet aankwam om verhaal te halen – zul je net zien dat ik iemands plekje had ingepikt – ik hield Pedro's auto in de gaten, want die valt nogal op, en lette goed op wie er in de auto's zaten van klan-ten die stopten...

Hoewel ik een spijkerbroek droeg, had ik het erg koud, ik had een mouwloos shirtje aan... en dat is het eerste punt waarover ik het wil hebben, want het is me opgevallen dat alle travestieten halfnaakt werken, zelfs als het koud is.

In de tijd dat ik daar stond, stopten er meer dan tien auto's, ik weet niet precies hoeveel, want na de tiende raakte ik de tel kwijt... Van degenen die stopten, hielden slechts drie me voor een travestiet; de anderen hadden door dat ik een hoertje was. Ik vond het wel grappig, want een van hen stopte en vroeg: 'Jij bent een vrouw, hè?' Ik antwoordde bevestigend, en toen vervolgde hij: 'Poeh, eindelijk vind ik er hier een, maar je staat op de verkeerde plek, hoor...'

Er is er één die niet onvermeld mag blijven. Hij dacht dat ik travestiet was en vroeg zelfs naar de lengte van mijn geslacht. We babbelden even en ik zag dat hij aan zijn linkerhand een trouwring droeg. Dat gegeven kon ik niet negeren en ik vroeg of hij getrouwd was. Hij antwoordde dat dat inderdaad zo was. Toen vroeg ik of zijn vrouw wist dat hij travestieten oppikte en hij antwoordde: 'Ze heeft geen idee dat ik dit doe, en daar mág ze ook helemaal niets van weten!!'

Een man die op travestieten valt? Prima... dat is ieders goed recht... maar waarom ga je dan trouwen met een vrouw? Als je van travestieten houdt, mij best, maar trouw dan ook met een travestiet. Zo simpel is het... Ik heb al verschillende verhalen gehoord van mannen die zonder schaamte of schuldgevoelens met een travestiet zijn getrouwd. Dát zijn pas echte kerels!! En wel omdat ze uitkomen voor hun voorkeur...

Er stopte ook een auto met twee groene jongetjes erin... Gelukkig stelden ze me niet teleur en zagen dat ik een vrouw was. Ik vroeg ze of ze travestieten leuk vonden en ze antwoordden eenstemmig: 'Schei toch uit, wij vallen op vrouwen.' Er was er een die stopte en me recht op de man af vroeg of ik travestiet was. Ik zei van wel. Toen ging zijn blik naar beneden en zei hij: 'O, maar ik zie daar anders geen pik!' Ik antwoordde: 'Dat komt omdat hij slap is.' Toen hield ik het niet meer en barstte in lachen uit, en kreeg hij in de gaten dat ik hem voor de gek hield. En dan die halvegare die me vroeg: 'Hoeveel vraag je voor even snel klaarkomen in je mond?'

Goed, om te voorkomen dat er echt iemand met me mee wilde, noemde ik een hoge prijs. Als de man in een aftandse auto zat, zei ik dat het honderd real was, omdat ik wist dat dat veel geld zou zijn voor die man. En als het een mooie auto was, zei ik dat het driehonderd real kostte, want al zag de vent eruit als iemand met poen, dan nog wist ik dat dat veel geld was om in die buurt te vragen.

Niemand klaagde over mijn prijs, ze zeiden alleen dat ze dat niet hadden; sommigen probeerden zelfs af te dingen. Eentje zei zelfs: ''Dat ben je echt wel waard, hoor, maar ik heb niet meer dan veertig real in mijn portemonnee.' En hij vervolgde: 'Kun je niets voor dat bedrag doen?' Ik lachte... en zei van niet... want geloof me, zelfs voor simpelweg aftrekken vraag ik meer.

In feite vroeg ik een astronomisch bedrag voor iemand die op straat staat, want het gebruikelijke bedrag is hooguit vijftig real. Eén man beweerde zelfs dat hij nooit meer dan veertig kwijt was.

Een ouder mannetje nam ik een beetje bij de neus, maar hij had het niet eens in de gaten. Hij stopte in de veronderstelling dat ik een travestiet was. Toen hij vlakbij was, nam hij me van tot op teen op en zag dat ik dat niet was. Toch kletsten we eventjes, ik vroeg of hij vaker travestieten oppikte en hij zei van wel. Ik vroeg waarom hij daarvan hield; volgens hem kon je door met een travestiet te vrijen tegelijkertijd het verlangen naar een man en naar een vrouw bevredigen. Ik vroeg of hij een lekker wijde anus had en hij antwoordde bloedserieus – in de veronderstelling dat ik dat ook was – dat hij dacht van wel, want hij voelde geen pijn meer als ze het van achteren bij hem deden.

Ik bediende twee klanten tegelijk, in een hoerig sfeertje. Een van hen was al eens bij me geweest. Terwijl ik de ene pijpte,

125

zat de ander naar ons te kijken terwijl hij zich aftrok. En degene die ik aan het pijpen was, kwam daarbij klaar. Meteen daarop viel ik aan op de pik van de ander aan en liet ook hem met mijn mond klaarkomen. Ik ging liggen en de twee likten tegelijkertijd mijn borsten. Heel lekker. Intussen voelde ik hoe de een me met zijn hand masturbeerde. Ik kwam alleen niet klaar omdat hij niet wist hoe dat moest. Maar het was goed bedoeld...

Toen ging ik op handen en knieën zitten en terwijl ik me zo 'aanbood' aan de een, pijpte ik de ander. Tegelijkertijd. Degene die ik pijpte kwam het eerst en de ander deed er wat langer over. Het wond me ontzettend op om het met twee mannen te doen...

Op een avond was ik in de parenclub bezig met een verrukkelijk donker meisje. Ze liet het met zich doen door haar partner en ik ging naast haar zitten om haar op te vrijen. Ik werd er bloedgeil van en begon haar borsten te likken, die heerlijk waren. We kusten elkaar uitvoerig. Maar daar bleef het bij. Ik wilde niets liever dan haar beffen, maar uiteindelijk durfde ik niet. We ruilden van partner en dat was een prima ruil. Ik vond haar partner aantrekkelijk en hij deed het met me op de manier die ik prettig vind. Helaas kwam hij snel klaar.

Toen we op het punt stonden om weg te gaan, zag ik aan een tafeltje een heel aantrekkelijke blondine zitten in gezelschap van een man die haar opa had kunnen zijn. Ik zweer het. Ze trok me naar zich toe, maar ik merkte dat ze dronken was. Ik stond voor haar en ze trok een van mijn borsten half uit mijn decolleté en begon hem te likken. Terwijl ze daarmee bezig was bleef ze me aankijken, zonder met haar ogen te knipperen. Echt lekker. Maar ja, mijn klant trok me weg om ervandoor te gaan.

Ik neem de telefoon op en de vent aan de andere kant van de lijn vraagt me zonder omwegen: 'Doe je ook *brown shower*?' Nu had ik al vele malen *golden shower* gedaan, maar *brown shower* nog nooit. Ik zal even uitleggen wat het is. Bij *golden shower* wil de klant dat je over hem heen plast terwijl hij zich aftrekt. In het algemeen willen ze die 'douche' nadat ze je al even hebben geneukt, om met dit 'speciale verzoek' hun climax te bereiken. Het is uiteraard niet gemakkelijk om te doen. Je moet van tevoren flink wat bier drinken en je behoorlijk concentreren. Neuken met een overvolle blaas kun je vergeten, dat houdt geen vrouw vol... Dus je moet het goed doseren om voorbereid te zijn en op het moment dat '*your master calls*' het kraantje te kunnen openzetten.

Met poep is het gemakkelijker. Ik heb het één keer gedaan: de eerste keer was tegelijk ook de laatste. Toen de klant het me door te telefoon vroeg, zei ik ja. Meer uit nieuwsgierigheid dan omdat ik het wilde. Tenslotte moet je alles uitproberen om te weten of je het leuk vindt, nietwaar? Dus daar ging ik. Ik geef toe dat ik er behoorlijk zenuwachtig over was. Die vent wilde zichzelf aan een orgasme helpen terwijl ik 'de grote boodschap' op hem zou doen. Hij kwam, we hadden een kort voorspel, waarbij hij zijn vinger in mijn kont stak en met mijn billen speelde. Neuken wilde hij niet eens. We gingen door met dit spelletje tot ik zei dat ik moest. Hij ging op zijn rug liggen en trok zich verwoed af terwijl hij naar mijn achterste keek, en ik zat gehurkt met mijn rug naar hem toe. En ik deed het... Dat wilde hij toch?

Ik wilde direct met mijn klant beginnen nadat we waren gaan liggen, maar hij vroeg me om eerst even te babbelen, omdat hij van het spel der verleiding houdt, ook al is het met een hoertje. Oké dan. We zaten te praten tot hij me vroeg of ik ook kuste. Ik antwoordde dat ik dat niet bij alle klanten deed, alleen bij degenen bij wie ik het wil. En ik nam de gelegenheid te baat om hem te kussen. Hij liet me vooover liggen en begon mijn rug en bips te likken en zachtjes te bijten. Vervolgens draaide hij me om en begon me te beffen. Meteen nadat ik in zijn mond was klaargekomen, kuste hij me en ik kon de zoete smaak van mijn vocht proeven... Daarna ging hij weer naar beneden, hij begon mijn borsten te likken en ging verder naar beneden... buik, kutje, benen en voeten. Hij ging naar boven en kuste en likte opnieuw mijn kutje tot ik weer klaarkwam. En hij gaf me opnieuw een kus.

We trokken zijn jongeheer een jasje aan. Hij was hard en klopte, en ik had hem nog niet eens aangeraakt... Mijn klant kwam op me liggen in de missionarishouding, maar zijn jongeheer begon te verslappen met die condoom om. Hij zei dat hij, omdat hij gewend was het met zijn vrouw zonder condoom te doen, een slappe kreeg als hij een condoom om moest. Tja, heel normaal. Maar ik zwichtte niet.

Toen vroeg hij me een standje 69 met hem te doen opdat zijn piemel weer zou opleven. Dat deden we een hele tijd, maar aangezien zijn jongeheer nog steeds 'gevangen' was, kwam hij niet overeind.

Hij wilde eventjes pauzeren. Zodoende begon hij me opnieuw te beffen en ik kwam voor de derde keer klaar. Zijn jongeheer kwam omhoog, dus we deden hem een nieuw condoom om, maar binnen de kortste keren werd hij weer slap... Toen viel er niets meer aan te doen en kwam de sessie om twee redenen ten einde: vanwege de tijd en omdat seks niet tot de mogelijkheden behoorde... Kortom: we hadden niet geneukt, ik was drie keer klaargekomen en verdiende ook nog een lieve duit... Aiaiai! Toch zei hij dat hij zou terugkomen...

Op een dag kwam er een Engelsman. Hij kon wel wat liefde gebruiken en was heel schattig. Er was een verrukkelijke chemie tussen ons – en als ik hem wat beter had kunnen verstaan, was er vast en zeker affiniteit tussen ons ontstaan. Maar de grootste kick van deze afspraak was dat ik kon kennismaken met hotel Unique waar hij verbleef en waar ik hem kwam opzoeken. Erg chic! De slaapkamer was heel weelderig en er stond een plasma-tv. We probeerden een beetje te praten, in het Engels, maar hij ging over op een soort mengtaaltje van Spaans en Portugees. Ik moest hem de hele tijd vragen het te herhalen, want hij sprak heel snel en ik snapte er niets van. Ik dacht dat hij, als gringo, koud zou zijn. Maar niets daarvan, integendeel... Hij deed zelfs zijn best om me te laten klaarkomen. Hij befte me een hele tijd. Ik kreeg in de gaten dat hij niet zou ophouden voor het lukte. Hup, wat innerlijke kracht ertegenaan! Ik vroeg hem om voorover te gaan liggen en begon zijn rug te likken. De gringo ontvlamde en... verrassing: hij ging op zijn rug liggen met zijn benen achterover en bood me zijn kont aan. Die sloeg ik niet af. Het werd een Griekse kus waar de Engelsman van in vuur en vlam kwam te staan. Ik likte afwisselend zijn kont en zijn piemel tot hij klaarkwam.

Vandaag heb ik twee nieuwe standjes geleerd: bij het eerste liet de klant me direct op mijn rug liggen, met mijn benen achterover, alsof ik een bokkensprongetje ging maken. Ik leek wel een baby wiens moeder zijn billetjes met talkpoeder gaat bestuiven. Intussen neukte hij me gehurkt in mijn kont. Dit vond ik de lekkerste. Over het andere had ik al eens gehoord, maar ik had het nog nooit gedaan. Het is de zogenaamde 'schaar'. Alle twee met gespreide benen, als twee in elkaar gehaakte scharen. Interessant, want je hebt steun aan het been van de ander en kunt je aan zijn benen afzetten. Aanbevolen.

En natuurlijk heb ik het weleens met een beroemdheid gedaan. Belachelijk dat mensen denken dat die nooit eens wat willen... Maar wees gerust: ik ben er nooit de persoon naar geweest, en dat zal ik ook nooit worden, om namen te noemen. Dat maakt deel uit van de beroepsethiek. Ik ben callgirl, geen afperser. Bij een van hen dacht ik bij zijn aankomst: ik kén die man ergens van. Maar dat gevoel ging over. Tenslotte waren we daar voor iets anders. Ik deed geen enkele moeite om erachter te komen waar ik hem van kende. Maar ik had wel in de gaten dat hij een tikkeltje gepikeerd was omdat ik niets had gezegd. Midden onder het vrijen kwam hij met zijn babbeltje: 'De receptionist van je flat vroeg me om een handtekening.' De stakker was natuurlijk helemaal gefrustreerd. Ik zei niets en ging door met pijpen. Van dat soort dingen ben ik nooit hoteldebotel geweest, waarom nu dan wel? Als hij had gedacht dat ik me als een fan op hem zou storten en hem om een handtekening of zo zou vragen, dan had hij pech gehad. En een vipbehandeling, niets hoeven betalen, dat kon hij vergeten. In de gegeven situatie was ík tenslotte de ster...

Een andere beroemdheid was een tv-presentator. Rustige sessie in verliefde sfeer, die later overging in een hoerig sfeertje. Ik wist uiteraard wie hij was (en hij wist dat ik dat wist). Dus voorstellen was overbodig.

Een ware meisjesorgie. Alleen drie andere vrouwen en ik, zonder een man in de buurt. Wij allemaal met vlezige kutjes, precies zoals ik ze graag heb. Terwijl de een de ander behoedzaam uitkleedt, verschijnt er allerlei opwindende lingerie en borsten met en zonder siliconen, allemaal verschillend maar allemaal even lekker. Bij de een kleine, bij een ander opstaande tepels, maar geen hangborsten: alleen maar van die sappige, die je wilt pakken, likken en liefkozen. Alsof we door stroom met elkaar zijn verbonden, koppelen we ons aan elkaar vast door iemands kutje in de mond te nemen, tot de cirkel zich sluit en niemand buitenspel staat, en we tegelijkertijd genot geven en ontvangen. Zo nu en dan wisselen we. Ieder heeft een andere geur en smaak. Op een gegeven moment kom ik in het middelpunt van de belangstelling te staan. Drie vrouwen bedienen me: de een likt mijn borsten, de tweede beft me verrukkelijk en de derde gaat op mijn gezicht zitten en biedt me het beste van zichzelf zodat ik haar kan likken, zuigen en laten klaarkomen.

Er volgt een hallucinerende reeks orgasmen. Het gekreun vormt een muzikale achtergrond voor dit vrouwenfestijn. Geen neppenissen of andere hulpmiddelen. Niets dan de vrouwelijke aanraking, de fijngevoelige mond, de geoefende tong, het langs elkaar wrijven van huid, borsten, kutjes. We blijven maar klaarkomen in deze totale waanzin tot we ons, uitgeput maar bevredigd, overgeven aan onze vermoeidheid en in elkaars armen uitrusten tot we weer op adem zijn gekomen en opnieuw beginnen.

Zo ziet mijn ideale vrijpartij eruit. Helaas heeft die nooit plaatsgevonden, behalve in mijn dromen. Maar het is nooit te laat om je speciale fantasie te verwezenlijken. Nu is het nog een wensdroom, maar op een dag zal het een herinnering zijn bij de gedachte waaraan ik al nat word.

Er is nog een andere fantasie die ik ooit hoop te verwezenlijken: het doen met een MP, een lid van de militaire politie. Maar dan wel eentje hier uit São Paulo. Dat uniform van ze maakt me helemaal gek. De snit van dat pak maakt van iedere man een lekker ding. Is je dat nooit opgevallen? De billen komen er mooi hoog en rond in uit, en het volume van de balzak wordt zo samengeperst dat je al een vermoeden krijgt van het dodelijke wapen dat daaruit tevoorschijn zal komen. Die hemden en jacks zorgen voor zeer sensuele contouren, samen met de voeten, waaraan zwarte laarzen met grote gespen prijken. Wauw!!!

Het zou een stevige vrijpartij zijn, hij gekleed (ja, wat dacht je dan!) en ik met mijn handen overal over zijn lichaam, alsof ik een nieuwe speelpop heb gekregen, waarna hij me krachtig maar zonder geweld beetgrijpt en met mij doet wat hij wil. Ik boven op hem, met mijn benen gekruist achter zijn rug, staand, tegen een muur aan. Als ik alleen al denk aan een MP die zijn broek laat zakken om me te neuken, lieve hemel, dan ben ik tot alles in staat. Als dit alles in een openbare gelegenheid zou plaatsvinden, zeg in een bioscoop, dan zou dat paradijselijk zijn. Vrijen en plein public, of in de wetenschap dat mensen me bezig kunnen zien, dat zou me al halverwege een historisch orgasme brengen. Die twee fantasieën gecombineerd zou echt goddelijk zijn. Oké, nu ik mijn allergeheimste fantasieën heb bekend, worden ze misschien nog werkelijkheid ook. Iemand interesse?

Tips van Bruna Surfistinha om uw seksleven interessanter te maken

*J*k vraag me altijd af waarom zoveel mannen nog steeds prostituees opzoeken. Ik begrijp dat er tot op heden weinig gepraat wordt binnen het huwelijk, vooral met betrekking tot seks. Er moet meer worden gesproken over waar je van houdt (en waar je niet van houdt) qua fantasieën. Al kun je niemand dwingen tot iets wat hij of zij niet wil: voor goede seks zijn twee personen nodig. Afschrikwekkende fantasieën jagen echtgenotes de stuipen op het lijf (of maken zelfs een eind aan een huwelijk). Daarom komen ze naar ons... Maar vrouwen moeten een tophoer voor hun man zijn. Een topvrouw: metgezel, medeplichtige, vriendin, trouw, een goed echtgenote en moeder. Maar in bed moeten ze proberen om hoer te zijn. Dat zal beiden goed doen, gegarandeerd.

Om de dingen een beetje gemakkelijker te maken, denk ik dat het misschien goed is om mijn ervaring met andere mensen te delen.

Hier een paar ideetjes, simpele dingetjes om dat zalige spelletje voor twee (of voor drie, vier, vijf...) een beetje spannender te maken.

Onverwachte seks

Niets is maffer dan seks op een vastgesteld tijdstip... Natuurlijk spreek ik met mijn klanten op een bepaald tijdstip af.

135

Maar met een echte partner gaat er niets boven een verrassing. Probeer de ander onverwachts beet te pakken, trek je niets aan van tijd of plaats (zolang je je niet al te erg onder de mensen bevindt): op de toiletten, in de keuken, in het trapportaal van je flat. Een verboden plaats, met het gevoel dat je elk moment betrapt kunt worden, geeft een adrenalinestoot die alles erotiseert.

Spel der verleiding

Wil een stel zijn relatie wat pikanter maken, dan dient, zoals ik al zei, 'elke zaterdag na de soap' te worden geschrapt. Maar er zijn nog meer basistrucjes, zoals dat de vrouw heel sexy lingerie draagt (soms is een jarretelgordel al genoeg om de partner te 'boeien'), een verkleedpartijtje (verpleegster, loodgieter, stewardess...). Een dubbele striptease (ieder trekt om beurten een kledingstuk uit voor de ander) kan helpen tegen de angst om je belachelijk te maken (en sinds wanneer is iemand verleiden belachelijk?).

Speeltjes

Geloof me, een bezoekje aan de seksshop opent een wereld van nieuwe mogelijkheden. Nee hoor, ze hebben daar niet alleen maar rubber penissen. Al kan dat een interessant beginnetje zijn. Leef je uit: gebruik handboeien, blinddoek elkaar, speel met geuren en sensaties, met gevoel. In die winkels heb je een heleboel behoorlijk stimulerende gels die het spel goed kunnen verhitten. Een goede aanleiding voor een massage voor twee, zo een die ontspant en opwindt tegelijkertijd. Een goeie pornofilm op dvd kan het gebeuren in vuur en vlam zetten. Maar vergeet niet: dit alles dient om van het voorspel iets heerlijks te maken, om beiden op dezelfde golflengte te brengen voor een hete vrijpartij. Je hebt hier niets aan als het voor twee minuutjes is en je dan direct overgaat tot de finale.

Intensiteit

Er zijn mensen die denken dat seks altijd moet gaan zoals in een pornofilm: de man die er ongenadig op los pompt als een pneumatische drilboor. Het kan best zijn dat het daarop uitloopt, maar dat is niet het uitgangspunt. Het leuke zit hem in het variëren van de intensiteit. De ene dag kan het een en al tederheid zijn, de andere dag wat wilder. Of dat alles tijdens dezelfde vrijpartij. Seks die altijd hetzelfde gaat, volgens steeds hetzelfde patroon, wordt een sleur.

Orale seks bij hem

Iets wat nooit mag ontbreken, voor geen van de partners. Dit is een bijzondere en stimulerende liefkozing. Het is wat ik het fijnste vind in bed (of ik het nu geef – waar ik, in alle bescheidenheid heel goed in ben – of ontvang). Sommige klanten schertsen weleens dat ik een cursus zou moeten geven voor andere vrouwen. Oké, hier komt een stukje van mijn geheim: laat je tong uitgebreid rond de eikel van de penis spelen, afgewisseld met een lichte druk van je mond. Niet masturberen met je hand. De essentie van orale seks is nu juist dat je alle mogelijkheden benut: lippen, tong, tanden (heel zachtjes), zuigen (precies hetzelfde als de vagina doet), je mondholte. Bij goede orale seks worden de handen niet gebruikt en doet de gever al het werk uitsluitend met zijn/haar mond.

Ik begin altijd met de balzak, een heel gevoelig en genotvol gebied bij de man. Afwisselend lik en zuig ik er zachtjes aan (niet vergeten: de ballen zijn heel gevoelig, voorzichtig aan dus), terwijl ik heel langzaam omhoog werk naar de penis. Terwijl ik bezig ben, stel ik me voor dat mijn mond een vagina is die de penis opslokt. Dat doe ik bewust: mannen hebben dat door en krijgen het gevoel dat ze zich in een vagina begeven, maar weten tegelijkertijd dat ze gaan klaarkomen in een vrouwelijke mond. Orale seks moet lekker vochtig zijn, met de tong die de hele tijd rond de penis gaat, als een kind dat met veel smaak aan een ijsje sabbelt. Wanneer de man klaarkomt, moet je daar niet vies van zijn: blijf zuigen tot de laatste druppel.

De intensiteit van de orale seks verschilt van man tot man (en je moet achter zijn ritme komen). De een houdt van voorzichtige bewegingen, heel zachtjes. Anderen willen iets wilds. Hoe kom je erachter wat hij lekker vindt? Simpel: probeer beide manieren uit en let op wanneer het gezucht van genot intenser is, wanneer zijn lichaam begint te kronkelen.

Orale seks bij haar

Bij vrouwen is orale seks iets ingewikkelder (opletten, heren!). Ik kan zeggen dat 80% van mijn klanten mij orale seks heeft gegeven. Van die 80% wist slechts 10% waar hij mee bezig was. Het is waar dat goede orale seks van vrouw tot vrouw verschillend is, omdat het genot voor iedere vrouw op een andere manier en plek kan liggen. Maar als je dat weet, ben je al een heel eind. Er zijn vrouwen die genot voelen in hun clitoris; anderen in hun grote schaamlippen, en weer anderen in het kanaal waar de penetratie plaatsvindt. Dus, heren, de ideale methode is gewoon uitproberen: probeer elk van deze vrouwelijke gebieden uit en let op haar reactie. Zo kom je er vanzelf achter wanneer je het juiste stopcontact hebt gevonden om het 'lampje te laten branden'...

Natuurlijk is ook de intensiteit verschillend. Sommige vrouwen geven de voorkeur aan zachte likjes. Anderen hebben het graag met kracht, en zelfs af en toe zachte beetjes (of zelfs iets hardere: zij bepaalt de grens). Ik geef de voorkeur aan de tong over mijn clitoris, met stevige likjes en snelle bewegingen. En niet zo'n weke tong: hij moet op mijn vinger lijken wanneer ik masturbeer. Op mijn blog maak ik er altijd grapjes over dat sommige mannen bij orale seks net doen alsof ze hondjes zijn met een biefstuk in hun bek: ze bijten in je kutje en schudden hun hoofd erbij heen en weer alsof je daar iets mee opschiet... Misschien zijn er vrouwen die dat prettig vinden, maar ik vind het vreselijk als iemand me daar bijt.

Het zal wel komen doordat je er zoveel vrouwelijke signalen voor moet interpreteren, maar de beste orale seks wordt doorgaans gegeven door een andere vrouw. Misschien omdat haar tong zachter is, omdat ze de weg weet en de bewegingen van het lichaam en de vagina beter kan interpreteren. Voor een vrouw is masturberen de enige manier om erachter te komen op welke plek ze het meeste genot voelt. Dan hoef je de man alleen maar die plek te wijzen en... klaar! Het standje bij uitstek is natuurlijk nr. 69: je geeft en ontvangt tegelijkertijd oraal plezier. Je kunt het doen met jou bovenop, met hem bovenop (voorzichtig: in die houding denken ze dat ze naar hartelust tekeer kunnen gaan...), of allebei op je zij.

Anaal

Massa's vrouwen vragen me per e-mail hoe je met anale seks moet beginnen. Ze zeggen dat ze er veel zin in hebben, maar bekennen stuk voor stuk dat ze bang zijn voor de pijn, uiteraard, of zeggen dat ze het hebben geprobeerd maar dat het niet is gelukt. Mijn advies: laat je partner op zijn rug liggen en ga jij boven op hem. Zo ben jij degene die de controle houdt over de penetratie, de beweging en het ritme, binnen de grenzen van wat je kunt verdragen. Wat kan helpen bij de penetratie, is een glijmiddel.

Voor mannen heb ik een andere tip: wees geduldig. Laat de vrouw de leiding nemen, laat haar de houding kiezen die ze prettig vindt (of die houding ontdekken als ze een beginneling is). Voor wie al gewend is aan anale seks is de beste houding zonder meer op handen en knieën, want dat verschaft de vrouw het meeste genot. Voor beginnelingen is dit standje geen goed idee: het gevaar is groot dat de man er in één keer helemaal in gaat, zoals mij is overkomen. Niet leuk...

Een andere vaak voorkomende vraag met betrekking tot anale seks gaat over inwendige hygiëne. Het is niet zo prettig als er na de anale seks viezigheid op het condoom zit. Dat soort schoonheidsfoutjes kan worden vermeden. De enige manier om het risico uit te sluiten, is het gebruik van een vaginale douche, te koop bij een apotheek. Het is een peervormig rubber geval met een plastic buisje dat je aan het bovenstuk vastmaakt. Vul het rubbergedeelte met water, zet het buisje aan je anus en breng het in. Knijp nu op het rubbergedeelte tot al het water in je lichaam zit. Laat het water er vervolgens gewoon uitlopen, waardoor al het vuil uit je lichaam meekomt. Het kan geen kwaad, het doet geen pijn en het zorgt voor gegarandeerd schone anale seks.

Maar als het toch een keer gebeurt dat er iets meekomt, hoe gênant dat ook is (en ik garandeer je dát het dat is), moet de man er begrip voor hebben dat dat gaatje nu eenmaal eigenlijk voor iets anders is bestemd... Al is met deze spoeling het risico bijna helemaal uitgesloten.

Nog een tip: mannen, alsjeblieft niet meteen overgaan op

de hoofdact. Een vrouw moet opgewonden zijn voor anale seks. Denk daarom eerst aan haar genot (zodat het voor jullie allebei even lekker is). Veel liefkozingen, veel orale stimulering, laat haar ontspannen... Daarna gaan jullie allebei intens klaarkomen. Als slechts één van beiden klaarkomt, is de seks niet compleet.

De vijftien geboden van Bruna

1 – Vrijheid in bed en geen schaamte in de slaapkamer.

2 – Leef al je fantasieën met je partner uit, met respect en tederheid. En afwisselend: vandaag is jouw fantasie aan de beurt; morgen die van de ander.

3 – Ga samen naar seksshops om de nieuwste snufjes te bekijken; zelfs als je niets meeneemt, is het leuk om te doen.

4 – Breng variatie aan in de locatie. Seks alleen in bed, dat is niet genoeg, hoor.

5 – Varieer in intensiteit en de aard van de seks: als een verliefd stelletje, wild, subtiel, haastig...

6 – Uitgebreid voorspel, altijd: dit is het meest interactieve deel van de seks.

7 – Nooit een vooropgestelde dag, tijd of draaiboek hanteren (eerst een kus, dan beft hij, dan pijpt zij en hupsakee...)

8 – Onderzoek het lichaam van de ander onbeperkt: voeten, nek, buik... ontdek wat de ander opwindt.

9 – Forceer niets: respecteer de grenzen van de ander. Als je die grenzen wilt overschrijden, praat dan uitgebreid met je partner, stel hem of haar gerust en breng hem of haar er voorzichtig toe.

10 – Laat altijd eerst de vrouw klaarkomen zodat ze enthousiast wordt en ga dan ongebreideld je gang.

11 – Als je er niet achter kunt komen wat de ander het lekkerst vindt, vraag het dan met tact.

12 – Toon 'erna' je genegenheid en tederheid: praat met elkaar, rook een sigaret of blijf gewoon in elkaars armen liggen. Klaarkomen, je omdraaien en gaan slapen is dodelijk voor alle opwinding...

13 – Doe niet net alsof je klaarkomt om aardig gevonden te worden. Als het niet gaat, gaat het niet.

14 – Ontdek nieuwe standjes. Alle dagen de missionarishouding, *no way.*

15 – Als je een fantasie hebt waar de ander zeker voor zal terugschrikken of waardoor de ander je gestoord zal vinden, kun je het beste een professional zoeken om je te bevredigen.

Epiloog

Bruna Surfistinha stopte net voor haar eenentwintigste verjaardag met haar werk als callgirl en studeert nu psychologie
aan de universiteit. Ze wil blijven bloggen tot haar dood. Ze
wil kunnen schrijven: 'Morgen ga ik trouwen' en 'Gisteren is
mijn kindje geboren' en hoopt met heel haar hart dat ze die
dingen met Pedro zal meemaken. 'Ik heb geluk gehad dat ik de
man van mijn dromen heb leren kennen toen ik werkte als
prostituee. Niet iedereen krijgt zo'n happy end.' Tot het zover
is, blijft ze geloven dat altijd blijven streven naar geluk het belangrijkste in het leven is.

The Scorpion's Sweet Venom is vertaald in twaalf talen, wereld-
wijd gepubliceerd en wordt verfilmd.